Chiara Hertha

Gesamtkurs Latein

Ausgabe **C**

Training 1

mit Lernsoftware

C.C. BUCHNER

Campus

Gesamtkurs Latein. Ausgabe C

Herausgegeben von Christian Zitzl, Clement Utz, Andrea Kammerer und Reinhard Heydenreich.

Training 1 wurde bearbeitet von Johanna Butz, Johannes Fuchs und Christian Zitzl.

Die Übungen auf der CD wurden erarbeitet von Sonja Bauhus, Matthias Marquard und Sabine Kusebauch.

Über weiteres fakultatives Begleitmaterial informiert Sie
C.C.Buchners Verlag   Postfach 1269   D 96003 Bamberg
www.ccbuchner.de   service@ccbuchner.de

1. Aufl. 1 ⁴ ³ ² 2015 14 13
Die letzte Zahl bedeutet das Jahr dieses Drucks.
Alle Drucke dieser Auflage sind, weil unverändert, nebeneinander benutzbar.

© C.C.Buchners Verlag 2012
Das Werk und seine Teile sind urheberrechtlich geschützt. Jede Nutzung in anderen als den gesetzlich zugelassenen Fällen bedarf der vorherigen schriftlichen Einwilligung des Verlages. Dies gilt insbesondere auch für Vervielfältigungen, Übersetzungen und Mikroverfilmungen. Hinweis zu § 52 a UrhG:
Weder das Werk noch seine Teile dürfen ohne eine solche Einwilligung eingescannt und in ein Netzwerk eingestellt werden. Dies gilt auch für Intranets von Schulen und sonstigen Bildungseinrichtungen.

www.ccbuchner.de

Satz und Gestaltung: tiff.any GmbH
Illustrationen: tiff.any GmbH / Heimo Brandt
Umschlaggestaltung: creo Druck & Medienservice GmbH / Ines Müller
Druck und Bindung: creo Druck & Medienservice GmbH

ISBN 978-3-7661-**7867**-1

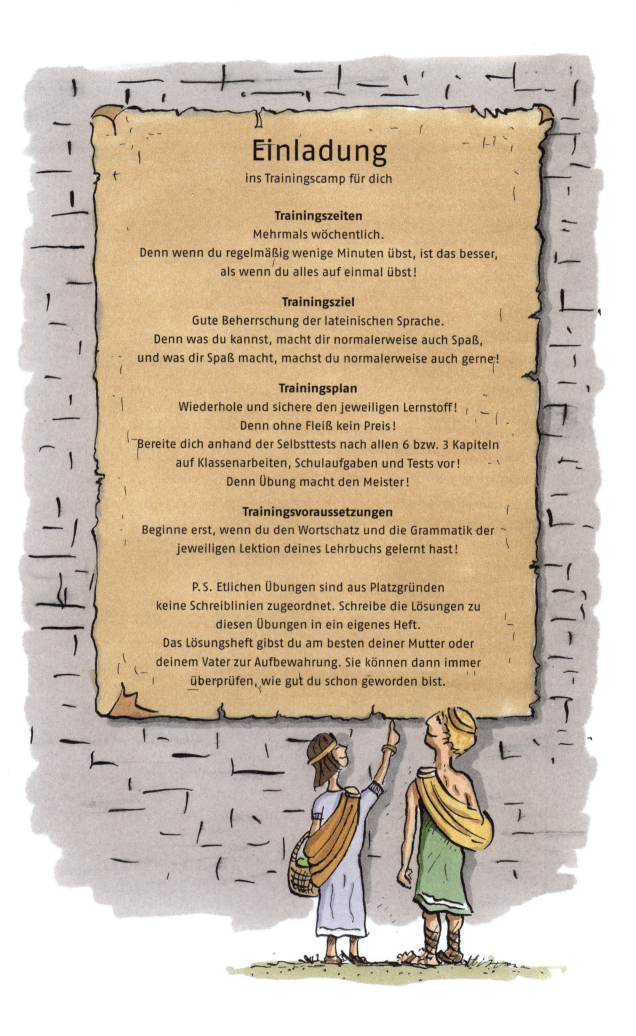

1

Auf die Endung kommt es an. *Endungen von Substantiven analysieren*

Beschrifte bei folgenden Substantiven jeweils die Spalten mit Kasus (K), Numerus (N), Genus (G) und finde zum Schluss die richtige Übersetzung (Ü):

	Kasus	Numerus	Genus	Übersetzung
serv**ae**	Nominativ	Plural	Femininum	(die) Sklavinnen
camp**i**	Nominativ	Plural	Femininum	(die) Felder
vill**a**	Nominativ	Singular	Femininum	(die) Villa
mur**us**	Nominativ	Singular	Femininum	(die) Mauer
silv**ae**	Nominativ	Plural	Femininum	(die) Wälder

Numeruswechsel *Substantivformen bilden*

Setze Pluralformen in den Singular und Singularformen in den Plural. Übersetze dann die neu gebildete Form:

Beispiel: puellae ➔ puella : (das / ein) Mädchen

a) avi **b)** campus **c)** viae **d)** vici **e)** villa **f)** equus **g)** servi **h)** servae

Fachbegriffsdomino *Fachsprache verstehen*

Beschrifte die leeren Dominostein-Hälften mit deutschen Grammatikbegriffen, sodass sich eine ununterbrochene Dominostein-Reihe ergibt:

Ordnung muss sein! *Substantivformen erkennen und zuordnen*

Ordne die folgenden Substantive in die richtige Truhe ein, indem du sie in der Farbe der jeweiligen Truhe unterstreichst.

servi – serva – servae – servus – vici – campus – via – silvae villae – equi – oculus – puella – oculi

Dein Einsatz, bitte! *Kongruenz Subjekt–Prädikat anwenden*

Ergänze das Prädikat im richtigen Numerus. Übersetze dann:

a) Servi non _parent_ (parere).   b) Nunc avus _monet_ (monere).

c) Servi parere _debent_ (debere).   d) Oculi _dolent_ (dolere).

e) Nunc avus _tacet_ (tacere).

Sprachprüfung *Lateinische Sätze überprüfen*

Kreuze jeweils an, ob der Satz grammatikalisch richtig (R) oder falsch (F) ist.

		R	F
1	a) Avus et puella ridet.		X
	b) Avus ridet et puella ridet.	X	
	c) Avus et puella rident.	X	
	d) Avus et puellae rident.	X	
2	a) Servus et serva tacere debere.		X
	b) Servus et serva tacere debet.		X
	c) Servus et serva tacere debent.	X	
	d) Servus et serva tacent debent.		X

Sklavenleben *In das Lateinische übersetzen*

a) Homilia ist eine Sklavin. b) Syrus und Lydus sind Sklaven. c) Die Sklaven lachen nicht; die Sklaven schweigen. d) Syrus und Lydus müssen gehorchen. e) Der Großvater mahnt: „Sklaven sollen nicht lachen." f) Homilia hat nun Angst.

3

Gewusst wie! *Übersetzungsmethoden kennen und anwenden*

Wie bei einem Detektiv ist beim Übersetzen methodisches Vorgehen von Anfang an ganz wichtig. Meist sind es drei Fragen, die du stellen musst:

	1. Frage (nach)	2. Frage (nach)	3. Frage (nach)
Satzteil	Tat **Prädikat** (Satzaussage)	Täter **Subjekt** (Satzgegenstand)	Opfer **Objekt** (Satzergänzung)
Fragemuster	„Was ist ausgesagt?" „Was ist die Tat?"	„Wer oder was ist der Täter?"	„Wen oder was haben wir als Opfer?"
	Ein Beispielsatz: Servi servam terrent.		
	↓	↓	↓
	terre-**nt**	serv-**i**	serv-**am**
	3. Pers. Pl.	Nom. Pl. *m*	Akk. Sg. *f*

Übersetze nun die folgenden Sätze. Die 3-Fragen-Methode hilft hier sicherlich.

a) Servae servum terrent. **b)** Silvae puellas terrent. **c)** Equos puellae non timent. **d)** Sed silvas puellae timent. **e)** Cur servi dominum timent? **f)** Servos et servas domini monent.

Richtig eingesetzt! *Akkusativobjekte bilden*

Setze die in Klammern stehenden Substantive als Akkusativobjekte ein. Behalte den Numerus bei:

a) Dominus (servus, servae, puella) _servum_, _servas_, _puellam_ monet.

b) Servae (silvae, dominus, lingua) _silvas_, _dominum_, _linguam_ timent.

c) Servus (murus, villae, muri) _murum_, _villas_, _muros_ augere debet.

Wer fürchtet wen? *Übersetzungen prüfen*

Zu **einem** lateinischen Satz findest du **zwei** Übersetzungen. Ordne die richtige mit einer Linie zu. Überlege dann, wie der andere deutsche Satz auf Lateinisch lauten muss:

a) Equos puella timet. ——————— 1. Die Pferde fürchten das Mädchen.

Puella equos timet   2. Die Pferde fürchtet das Mädchen.

b) Dominos servae timere debent. 1. Die Sklavinnen müssen die Herren fürchten.

Servae dominos timere debent 2. Die Herren müssen die Sklavinnen fürchten.

Scheue Pferde *In das Lateinische übersetzen*

a) Die Mädchen schweigen. **b)** Warum antworten sie nicht? **c)** Was verschweigen sie? **d)** Die Mädchen fürchten die Pferde nicht. **e)** Sie ermahnen die Pferde jetzt, aber die Pferde gehorchen nicht. **f)** Die Wälder erschrecken die Pferde. **g)** Die Pferde fürchten weder die Wege noch die Felder, sondern die Wälder.

Name: Chiara Hertha
Datum: 02.09.16

Note: 2

Formsache

Selbsttest zu den Lektionen 1–3

Bearbeite zunächst die Aufgaben. Vergleiche dann deine Antworten mit den Antworten im Lösungsteil. Dort findest du auch, wie viele Punkte du für jede richtige Antwort erhältst.

Zähle die Punkte, die du für deine richtigen Antworten erhalten hast, zusammen und ermittle danach mit der Bewertungstabelle am Ende des Selbsttests, wie deine Leistung zu bewerten ist.

1. Ergänze das Prädikat in der richtigen Form. 3/3 BE

a) Avus servos (monere). **monet** ✓
b) Cornelia puella (esse). **est** ✓
c) Ibi servae (sedere). **sedent** ✓

2. Setze die in Klammern stehenden Substantive als Akkusativobjekte ein. 1/3 BE

Achte dabei auf den Numerus.

a) Quid (domini) terret? **dominum** os
b) Servae (puella) rident. **puellasam**
c) Domini (murus) augent. **murum** ✓

3. Setze alle Substantive und Verben in den Plural. 3/3 BE

a) Equus servum non timet. **Equi servos non timent** ✓
b) Serva puella est. **Servae puellae sunt** ✓

4. Setze Singularformen in den Plural und umgekehrt. 3/3 BE

a) campos **campum** ✓
b) vici **vicus** ✓
c) silvam **silvas** ✓

5. Übersetze ins Deutsche. 6/8 BE

Hic avus sedet. Dominus est. Ibi Homilia serva et Lydus servus sunt. Parere debent, sed dominum non timent. Nam avus servas et servos non terret.

Hier sitzt der Großvater. ✓ Er ist der Herr. Dort sind die Sklavin Homilia und der Sklave Lydus. ✓ Sie müssen gehorchen, aber sie fürchten den Herr nicht. Nun erschreckt der Großvater die Sklavinnen und Sklaven nicht.

(Denn erschreckt der Großvater)

BE	20–18	17–15	14–12	11–9	8–6	5–0
Bewertung	sehr gut	gut	zufriedenstellend	ausreichend	mangelhaft	ungenügend

16/20 BE

4

1. Formenstaffel — Verbformen bilden

Setze das jeweilige Verb in die angegebenen Formen.

a) studere → studes (2. Pers. Sg.) → studetis (2. Pers. Pl.) → studemus (1. Pers. Pl.)

→ studeo (1. Pers. Sg.) → studet (3. Pers. Sg.) → student (3. Pers. Pl.)

b) esse → estis (2. Pers. Pl.) → sumus (1. Pers. Pl.) → est (3. Pers. Sg.)

→ sunt (3. Pers. Pl.) → es (2. Pers. Sg.) → sum (1. Pers. Sg.)

2. Zickzack-Kurs — Regeln zur Formenbildung anwenden

Übersetze und stoppe die Zeit, die du für diesen Zickzack-Kurs benötigst:

ich schweige	taceo	respondes	du antwortest
du erschreckst	terres	timet	er fürchtet
er mahnt	monet	paremus	wir gehorchen
wir unterrichten	docemus	studetis	ihr bemüht euch
ihr gebt	praebetis	praebent	sie halten
sie lachen	rident	gaudeo	ich freue mich

3. Gewusst wie! — Übersetzungsmethoden kennen und anwenden

Viele Fehler entstehen dadurch, dass man die lateinischen Endungen zu wenig beachtet. Unterstreiche vor dem Übersetzen bei allen Sätzen die Subjekte rot und die Objekte blau. Was fällt dir hinsichtlich des Subjekts ab Satz d) auf?

In der Schule: a) Magistra (Lehrerin) discipulos (die Schüler) docere studet. b) Sed discipuli numquam tacent. c) Tum discipulos magistra monet: d) „Docere studeo. Nunc tacere et saepe studere debetis!" e) Discipuli primo magistram rident, tum respondent: „Iam paremus et tacemus. Non iam ridemus. Magistra es et doces. Discipuli sumus et studemus." f) Magistra nunc gaudet: „Recte respondetis."

4. Keine Angst! — Mit Texten arbeiten

Ergänze aus dem Kontext die fehlenden Endungen und übersetze:

a) Ibi servi sedent et tacent. b) Nam linguam timent.

c) Sed Cornelia servos docere studet: d) „Cornelia sum. e) Servi estis.

f) Linguam timere non debetis. g) Nam linguam vos (euch) docere studeo."

h) Tum servi gaudent et respondent: i) „Non iam timemus.

j) Nam tu (du) nunc linguam doces."

5

Welche Formen passen in zwei Schubladen? *Substantivformen zuordnen*

Sortiere die folgenden Formen in die richtige Truhe und Schublade ein.

a) ~~gladios~~ b) ~~tabulae~~ c) ~~soni~~ d) ~~amicas~~ e) dominis f) viae g) equus h) oculos i) servis j) servas
k) avo l) puellis m) vicum n) domino o) amicam p) avis

Gewusst wie! *Übersetzungsmethoden kennen und anwenden*

Wir müssen nun die Fragetechnik von Lektion 3 erweitern. Die ersten Fragen (nach Prädikat und Subjekt) bleiben gleich. Bei Frage 3 muss aber unterschieden werden:

1. Frage (nach)	2. Frage (nach)	3. Frage (nach)	
Prädikat (Satzaussage)	**Subjekt** (Satzgegenstand)	**Objekt** (Satzergänzung)	
„Was ist ausgesagt?" „Was ist die Tat?"	„Wer oder was ist der Täter?"	„Wen oder was haben wir als Opfer?" **Akkusativobjekt**	„Wem gilt die Tat?" **Dativobjekt**

Ein Tipp: Lege dir zu jeder Übersetzung Stifte zurecht. Unterstreiche Subjekte rot, Akkusativobjekte blau und Dativobjekte grün. Übersetze dann die folgenden Sätze:

a) Puella flet. b) Nam sceleratus gladium tenet. c) Sceleratus puellae non placet.
d) Nunc puella scelerato equum praebet. e) Puella amico placet. f) Ridere amico placet.

Richtig eingesetzt! *Dativ- und Akkusativobjekte bilden*

Noch stehen die eingeklammerten Substantive im Nominativ. Setze sie in den richtigen Fall. Übersetze dann:

6

Auf jeden Buchstaben kommt es an. *Formen bilden*

a) Bilde zu den Nominativen jeweils den Vokativ im Singular und im Plural:

Nominativ	Vok. Sg.	Vok. Pl.	Nominativ	Vok. Sg.	Vok. Pl.
populus			puella		
serva			amicus		
avus			dominus		

b) Bilde zu den folgenden Verben die Befehlsform im selben Numerus. Übersetze dann:

	Befehlsform	Übersetzung		Befehlsform	Übersetzung
comples	!	!	student	!	!
deletis	!	!	teneo	!	!
paret	!	!	ridemus	!	!

Zu Befehl! *Imperativ- und Vokativformen bilden*

Formuliere die folgenden Aussagesätze wie im Beispiel in Befehle um und übersetze diese:

„Servus gladium praebere debet."
→ „Serve, praebe gladium!"
Sklave, gib das Schwert (her)!

a) „Servae cibos praebere debent."
b) „Dominus sceleratum torquere debet."
c) „Domini respondere debent."
d) „Populus statim tacere debet."

e ist nicht gleich e! *Wortarten unterscheiden*

Übersetze jedes Wort und bestimme Form bzw. Wortart:

a) rid
b) av
c) tacet
d) copia
e) silva
f) itaqu
g) amic
h) rect
i) saep

e

Formüberprüfung

Selbsttest zu den Lektionen 4–6

Bearbeite zunächst die Aufgaben. Vergleiche dann deine Antworten mit den Antworten im Lösungsteil. Dort findest du auch, wie viele Punkte du für jede richtige Antwort erhältst.
Zähle die Punkte, die du für deine richtigen Antworten erhalten hast, zusammen und ermittle danach mit der Bewertungstabelle am Ende des Selbsttests, wie deine Leistung zu bewerten ist.

1 **Bilde jeweils die Verbform, die der angegebenen Form von *esse* entspricht.** 3 BE

a) es (delere) b) sum (praebere) c) sunt (flere)

2 **Setze die in Klammern stehenden Substantive jeweils in den richtigen Kasus.** 3 BE

a) (Amicus) gladium praebeo. b) Sceleratus (domini) non respondet.
c) Servae (tabulae) complent.

3 **Wandle die folgenden Aussagesätze in Befehlssätze um.** 3 BE

a) Amicus studet. b) Servae parent. c) Puella tacet.

4 **Finde die drei Wörter, die *keine* Imperativformen sind.** 3 BE

ride – mone – saepe – ridete – serve – sede – tenete – esse – gaude

5 **Übersetze ins Deutsche.** 8 BE

Venti avum terrent. Itaque puellae statim tacere debent. Etiam servi Aeolum deum timent et flent: „Aeole, ventos tene! Nam tibi (dir) populus ventorum paret." Tum venti tacent; avus Aeolo gratias habet.

BE	20–18	17–15	14–12	11–9	8–6	5–0
Bewertung	sehr gut	gut	zufriedenstellend	ausreichend	mangelhaft	ungenügend

7

Gut in Form? *Genitivformen bilden*

Bilde zu folgenden Substantiven den Genitiv, wobei du den Numerus beibehältst. Achtung: Ein Irrläufer ist dabei!

a) tabulae **b)** dei **c)** cibus **d)** insula **e)** amici **f)** amica **g)** ventus **h)** soni **i)** ibi **j)** turba

Angehängt *Ins Deutsche übersetzen*

Übersetze die folgenden Genitivverbindungen:

a) cibus servorum **b)** lacrimae puellarum **c)** lacrimae amicae **d)** soni venti **e)** copia aquae **f)** lingua servi **g)** tabulae Iuliae **h)** laetitia sceleratorum **i)** oculi domini **j)** campi et silvae domini **k)** cibi avi et puellarum

Sprachprüfung *Übersetzungen prüfen*

Fünf Schüler übersetzen ein und denselben Satz. Nun bist du der Lehrer und musst entscheiden, welche Übersetzung richtig (R), welche grammatikalisch denkbar (D), welche falsch (F) ist.

Servae amici avo cibum praebent.	R	D	F
Quintus: Die Sklavinnen des Freundes geben dem Großvater Speise / Essen.	○	○	○
Sextus: Die Freunde der Sklavinnen geben dem Großvater Speise / Essen.	○	○	○
Rufus: Die Sklavinnen geben dem Großvater des Freundes Speise / Essen.	○	○	○
Julia: Die Freunde der Sklavin geben dem Großvater Speise / Essen.	○	○	○
Claudia: Der Sklavin und dem Großvater geben die Freunde Speise / Essen.	○	○	○

In den Straßen Roms

Frage genau ab, bevor du übersetzt:

a) Insulae Romae Corneliae et Iuliae placent. **b)** Umbrae (die Schatten) insularum laetitiam puellarum augent. **c)** Sed saepe viae Romae non patent. **d)** Nam venti et aquae vias delent. **e)** Itaque turba servorum vias renovare (ausbessern) debet. **f)** Der Straßenmeister (der Herr der Straßen) ermahnt die Sklaven: **g)** „Ihr seid stark. Vergrößert endlich den Weg! Ihr sollt nicht herumsitzen." **h)** Die Mädchen sehen die Tränen der Sklaven. **i)** Hier müssen die Sklaven die Straßen vergrößern, dort bemühen sie sich, die Löcher (foveās) der Gassen aufzufüllen. **j)** Die Tränen der Sklaven bewegen die Mädchen.

8

1 Spiegelspiel *Verbformen bilden und übersetzen*

Bilde zu den Formen von *videre* die entsprechenden Formen von vocare und übersetze diese:

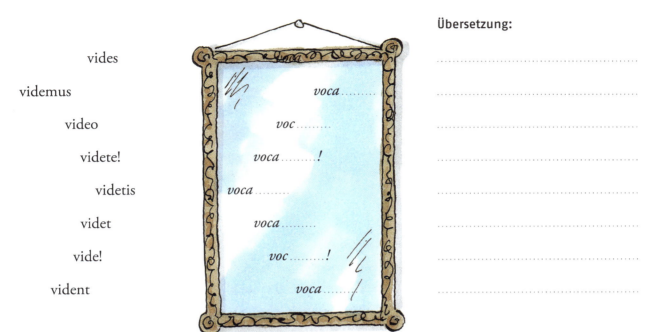

		Übersetzung:
vides	voca........	....
videmus	voc........	....
video	voca........!	....
videte!	voca........	....
videtis	voca........	....
videt	voc........!	....
vide!	voca........	....
vident		....

2 Zukunftspläne *Mit Texten arbeiten*

Ergänze aus dem Kontext die richtigen Endungen und übersetze:

a) Gaius amicus Iuliam ama■. **b)** Itaque Gaius amicam delecta■■ et laetitiam amicae auge■■ stude■. **c)** Saepe fili■■ Quinti roga■: **d)** „Te (dich) am■. Cur non gaude■, Iulia?" **e)** Tum Iulia sic responde■: **f)** „Profecto gaude■. Nam amicus e■. Sed adhuc puella s■■." **g)** Tandem Gaius: „Mox ego (ich) labor■ et pecuniam (Geld) par■. Mox dominus et domina su■■ et villam habe■■■."

3 Geteiltes Leid ist halbes Leid

a) Servae properare debent. **b)** Nam Quintus dominus servas vocat: **c)** „Cur hic non estis, servae? Cur non laboratis? Cur cenam non paratis?" **d)** Statim servae intrant et dominum rogant: **e)** „Cur semper servas vocas? Cur servae tantum laborare debent? Cur puellae numquam laborant?" **f)** Dominus servis sic respondet: **g)** „Recte rogatis. Etiam Corneliam et Iuliam nunc voco: **h)** Filiae, properate! Etiam vos (ihr) cenam parare et mensam ornare debetis." **i)** Nunc servae domino gratiam habent, sed puellae non gaudent. Quinto respondent: **j)** „Non libenter (gerne) paremus et cenam paramus."

4 Ich, ich, ich ... *In das Lateinische übersetzen*

a) Zuerst frage, dann antworte ich. **b)** Ich freue mich und erfreue die Tochter. **c)** Ich gehorche und bereite den Tisch. **d)** Ich quäle nicht, sondern liebe. **e)** Ich bin nicht verborgen, sondern trete ein.

9

1 Gut in Form? *Ablativformen bilden*

Aus Ablativ Singular wird Ablativ Plural und umgekehrt. Wo gibt es mehrere Möglichkeiten?

a) dolis		f) mensa	
b) provincia		g) gladiis	
c) captivo		h) filiis	
d) pugnis		i) cibo	
e) dominis		j) amicis	

2 Ablative gesucht! *Formen bestimmen: Ablativ*

Bestimme alle Wörter und unterstreiche die möglichen Ablativformen:
a) ceno b) cenae c) cena d) dolis e) cenatis f) iniuriis g) cibo h) primo i) orna
j) mensa k) pugnis

3 Gewusst wie! *Übersetzungsmethoden kennen und anwenden*

Sicherlich erinnerst du dich noch an unsere Spürnasenübungen von Lektion 3 und 5. Detektivisch gesehen, wird es aber erst im Ablativ so richtig interessant. Denn im Ablativ stehen wichtige Informationen wie **Tat-Ort**, **Tat-Zeit**, **Tat-Motiv** und **Tat-Waffe**, also die Umstandsbestimmungen der Tat bzw. die Nebenumstände der Tat. Wenn die „Tat-Waffe" im Ablativ steht, spricht man vom sogenannten „Ablativ des Mittels" (Ablativus instrumentalis): Man fragt hier *„womit?"* bzw. *„wodurch?"*.

Beispiel:

Scelerati	puellas	gladiis	terrent.
„Täter"	„Opfer"	„Tat-Waffe"	„Tat"
Subjekt	Objekt	Adverbiale	Prädikat

Übersetze nun die folgenden Sätze mit dem Ablativ des Mittels:

a) Familiam cibis delecto. b) Gladio et dolo pugnas. c) Sceleratum dolo superamus. d) Captivos gladiis torquetis. e) Mensam candelis (Kerzen) orno. f) Puellas iniuriis, non dolis terres. g) Neque iniuriis neque dolis pugnamus.

4 Sklavenschicksal

a) Iterum Romani populos pugnis terrent. b) Saepe populos gladiis, saepe etiam dolis superant.
c) Tum mercaturas (Sklavenmärkte) captivis complent. d) Domini mercaturas intrare, servos spectare, familiam servis augere non dubitant. e) Tum servi mox equis dominorum aquam praebere, mox villam muris augere, mox gladiis bene pugnare debent.

Kostprobe

Selbsttest zu den Lektionen 7–9

Bearbeite zunächst die Aufgaben. Vergleiche dann deine Antworten mit den Antworten im Lösungsteil. Dort findest du auch, wie viele Punkte du für jede richtige Antwort erhältst.

Zähle die Punkte, die du für deine richtigen Antworten erhalten hast, zusammen und ermittle danach mit der Bewertungstabelle am Ende des Selbsttests, wie deine Leistung zu bewerten ist.

1 **Bilde den Genitiv zu folgenden Nominativen.** 3 BE

a) deus   b) linguae   c) filii

2 **Setze Singularformen in den Plural und umgekehrt.** 3 BE

a) rogamus et flemus   b) properatis et ridetis   c) comple et labora

3 **Welche drei Wortformen sind *keine* Ablative?** 3 BE

profecto – tabula – amicis – subito – cibo – voco – sono – avis – vicis

4 **Setze die eingeklammerten Substantive in den richtigen Kasus.** 3 BE

a) Scelerati equos (gladii) torquent. ....

b) Servae (villae) ornant. ....

c) Aeolus (ventus) villas delet. ....

5 **Übersetze ins Deutsche.** 8 BE

Romani bene cenare amant. Itaque servae saepe cenas parare et mensas villarum cibis complere debent. Tandem dominus vocat: „Properate, servi! Aquam praebete; dominos et dominas cena delectate!"

BE	20–18	17–15	14–12	11–9	8–6	5–0
Bewertung	sehr gut	gut	zufriedenstellend	ausreichend	mangelhaft	ungenügend

10

1 Sortiermaschine *Regeln zur Formenbildung anwenden*

Ordne die folgenden Verbformen der a-, e- und i-Konjugation zu. Schreibe jeweils den Infinitiv und die 1. Pers. Sg. in die betreffende Spalte:

venimus, pares, cenamus, audi, superant, praebet, nesciunt, tenet, labora, parate, scis, habetis

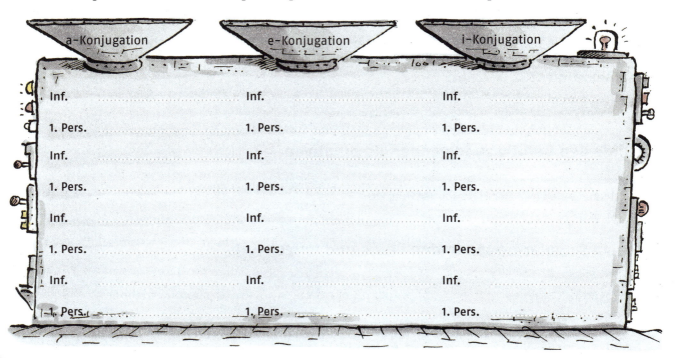

2 Wo sind die Freunde? *Kongruenz Subjekt–Prädikat anwenden*

Ergänze das Prädikat anhand des angegebenen Infinitivs. Übersetze dann:

a) Cornelia et Iulia amicos .... (desiderare). **b)** Tandem Marcia amica .... (venire). **c)** Puellae Marciam .... (rogare): **d)** „Ubi amici .... (esse)? Cur amici non .... (venire)?" **e)** Sed Marcia puellis primo non .... (respondere). **f)** Puellae iterum: „Marcia, cur non .... (audire)?" **g)** Marcia: „Iam .... (audire). Sed nihil .... (scire)." **h)** Tum puellae: „Nunc .... (scire). **i)** Eudoxus adhuc amicos .... (docere) .... (studere)."

3 Ein trauriger Erdkundeunterricht

a) Ibi Iulia et Cornelia et amicae veniunt et ludum intrant. **b)** Eudoxus semper filias dominorum et dominarum bene docere studet. **c)** Sed saepe puellis non placet Eudoxum audire. **d)** Itaque Eudoxus puellas monet: „Bene audite, puellae! Tabulam provinciarum Romanorum videte et Syriam monstrate (zeigt)! Quis Syriam scit? Ubi Syria provincia est?" **e)** Amicae Syriam nesciunt, sed Iulia statim respondet: „Profecto Syriam provinciam scio. Ibi familia Syri habitat et Syrum desiderat. **f)** Sed Syrus nunc captivus Romanorum et servus avi est. Non iam patriam videt, ubi familia Syrum exspectat." **g)** Amicae Iuliae subito lacrimas non iam tenent, sed diu flent. **h)** Itaque et Eudoxus tacet.

11

Sortiermaschine *Formen erkennen und zuordnen*

Bringe die folgenden Formen in die richtige Reihenfolge von Nom. Sg. bis Abl. Pl.:

~~verbo~~ – ~~verbis~~ – ~~verbum~~ – ~~verborum~~ – ~~verbum~~ – ~~verba~~ – ~~verbis~~ – ~~verbo~~ – ~~verbi~~ – ~~verba~~

Nom. Sg.	verbum	Nom. Pl.	verba
Gen. Sg.	verbi	Gen. Pl.	verborum
Dat. Sg.	verbo	Dat. Pl.	verbis
Akk. Sg.	verbum	Akk. Pl.	verba
Abl. Sg.	verbo	Abl. Pl.	verbis

Streichkonzert *Kategorien erkennen*

Streiche bei jeder Reihe das Wort aus, das nicht zu den anderen passt:

a) puellae – domini – ~~filia~~ – templa

b) dominum – beneficium – ~~iterum~~

c) ~~porta~~ – verba – dominos – filias

d) pugnis – venis – templis

e) forum – ingeniorum – captivorum

f) pugna – aedifica – aedificia – ama

-a ist nicht gleich -a *Mehrdeutige Endungen im Kontext erschließen*

Übersetze die folgenden Kurzsätze, nachdem du die Funktion des -a aus dem Zusammenhang erschlossen hast:

a) Marce, audi consili**a**!

b) Ibi patet port**a**.

c) Marce, exspect**a**!

d) Discipulis placent aedifici**a**.

e) Statim veni, serv**a**!

f) Delectate amicas cen**a**!

Ein Festmahl für die Götter

a) Eudoxus bene scit: Discipuli hodie (heute) ludum non libenter intrant. Forum desiderant. Nam ibi turba est et deis non tantum verbis, sed etiam donis gratiam habet. **b)** Nam Romani populos pugnis superant. Itaque populus nunc templa deorum et dearum tabulis et donis ornat neque dubitat deis frumentum et cenam praebere. **c)** Romani beneficia deorum sciunt: Dei Romanis saepe consilia praebent et imperium (Reich) Romanorum augent.

d) Die Götter erfreuen die Römer oft auch mit Wohltaten. **e)** Deshalb baut das Volk nicht nur Gebäude wie (ut) Häuser, Schulen, die Kurie, sondern auch Tempel. **f)** Dort stehen die Tore immer offen. Dort hören die Römer oft den Rat der Götter.

12

1 Was mit wem? *Bedeutung von Präpositionen erkennen*

Ordne den Nummern die richtige Präposition zu:

a) ante aedificium esse 5
b) ad aedificium esse 1
c) post aedificium esse 4
d) in aedificium properare 6
e) ad aedificium properare 3
f) in aedificio esse 2
g) ex aedificio properare 7

2 Einfach zu teuer *Mit Texten arbeiten*

Setze die angegebenen Präpositionen sinnvoll ein und übersetze:

a) Eudoxus .... discipulis .... ludo .... forum properat.

b) Discipuli .... verbis .... basilicam manent et ornamenta aedificii spectant.

c) Tandem discipuli .... Eudoxo .... umbra .... basilicam properant.

d) .... basilica argentarii (Juweliere) .... mensas sedent et turbam exspectant.

e) .... mensas argentariorum puellae sunt et .... amicis ornamenta spectant.

f) Pretia ornamentorum discipulos terrent. Itaque discipuli .... ornamentis .... basilica iterum .... ludum properant.

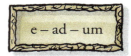
e – ad – um

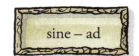
sine – ad

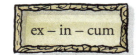
ex – in – cum

post – in

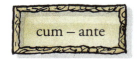
cum – ante

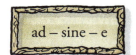
ad – sine – e

Prüfstück
Selbsttest zu den Lektionen 10–12

Bearbeite zunächst die Aufgaben. Vergleiche dann deine Antworten mit den Antworten im Lösungsteil. Dort findest du auch, wie viele Punkte du für jede richtige Antwort erhältst.
Zähle die Punkte, die du für deine richtigen Antworten erhalten hast, zusammen und ermittle danach mit der Bewertungstabelle am Ende des Selbsttests, wie deine Leistung zu bewerten ist.

① Bilde jeweils die Verbform, die der angegebenen Form von *esse* entspricht.

3 BE

a) sunt (audire)   **b)** sum (scire)   **c)** este (venire)

② Vervollständige die Sätze, indem du die eingeklammerten Substantive in den richtigen Kasus setzt.

6 BE

a) Puellae templa (forum) vident.   **b)** Dominus filium (dona) delectat.

c) Servi (verba) avi parent.   **d)** Servus ad (curia) laborat.

e) Discipulus in (ludus) venit.   **f)** Domina ante (aedificia) dominum exspectat.

③ Ergänze die Prädikate in der angegebenen Form.

3 BE

a) Cretam insulam (nescire; 3. Pers. Pl.).   **b)** Consilia amici (audire; 2. Pers. Sing.).

c) Mensam ornare (debere; 1. Pers. Sing.).

④ Übersetze ins Deutsche.

8 BE

Domini puellas delectare student. Sed pretia ornamentorum dominis non placent. Diu dubitant et exspectant. Tandem sine ornamentis ante basilicam veniunt, ubi dominae sedent. Amicae tamen (dennoch) gaudent.

BE	20–18	17–15	14–12	11–9	8–6	5–0
Bewertung	sehr gut	gut	zufrieden-stellend	ausreichend	mangelhaft	ungenügend

13

1 Schilderwald *Wortfragen bilden*

Suche aus dem Schilderwald diejenigen Schilder, die ein Fragewort beinhalten, heraus und trage dann in die unten stehenden Wortfragen das passende Fragewort ein:

Neu in der Klasse

Discipuli: **a)** „……………………… es? ……………………… venis? **b)** ……………………… habitas?

c) ……………………… ornamenta spectare non amas? **d)** ……………………… ornamenta spectare

non placet? **e)** ……………………… tibi placet?"

2 Dein Einsatz, bitte! *Kongruenz Personalpronomen–Prädikat anwenden*

Setze das Verb in die passende Form und übersetze:

a) Ego vos ……………………… (terrere). **b)** Itaque **vos** ………………………

(timere). **c) Nos** vobis frumentum ……………………… (praebere). **d)** Itaque **vos**

……………………… (ridere) et ……………………… (gaudere). **e) Tu** nobiscum

……………………… (errare). **f) Nos** tecum non ……………………… (venire).

3 Hörfehler *Mit Texten arbeiten*

Person B hört die Aussage von Person(engruppe) A nicht genau und fragt zur Sicherheit nach: Wandle (wie im Beispiel) die Aussagesätze in Satzfragen um. Übersetze dann die Satzfragen:

A: „Puellae flent."   **B:** „Quid audio? Flentne puellae?" – „Weinen die Mädchen?"

a) A: „Pretium probo."   **B:** „Quid audio?

b) A: „Ornamenta spectare nobis placet."   **B:** „Quid audio?

c) A: „Libenter vobiscum in umbra sedemus."   **B:** „Quid audio?

d) A: „In templis tabulas invenitis."   **B:** „Quid audio?

14

1. Endung gut – alles gut. *Kongruenz Substantiv–Adjektiv anwenden*
Ergänze richtig und übersetze mündlich:

a) cibus bon................

b) amica bon................

c) consilium bon................

d) cunct................ discipuli

e) cunct................ puellae

f) cunct................ verba

g) Servi nov................ sunt.

h) Servae nov................ sunt.

i) Servus et serva nov................ sunt.

j) Paulus Titusque discipul................ bon................ sunt.

k) Iulia Corneliaque fili................ bon................ sunt.

l) Paulus et Cornelia Roman................ sunt.

m) Servi Chrysogoni parv................ non sunt.

n) Sed etiam pretium servorum parv................ non est.

o) Suntne pretia servarum parv................?

2. Auf dem Sklavenmarkt

a) Ibi venalicius (Sklavenhändler) novus cum servo bono venit.

b) Statim dominus dominaque venalicium novum clamare audiunt:

c) „Domine dominaque, non tantum servum novum, sed etiam servam novam habeo."

d) Tum dominus: „Indica mihi pretium servi servaeque novae!"

e) Venalicius laudat: „Ingenium servae servique novi magnum, sed pretium parvum est. Tamen (trotzdem) servus servaque nova ut equi boni laborant."

f) Sed pretium venalicius non indicat.

3. Quintus: ein neuer Schüler *In das Lateinische übersetzen*

a) Dort sitzt ein neuer Schüler. b) Sofort sehnen sich viele Mädchen danach, alles (cūncta) zu wissen. c) Julia aber weiß bereits viel (multa) und erzählt: d) „Alle Freunde loben den neuen Schüler. Quintus ist zwar° klein, aber sein° Talent ist groß. e) Deshalb ist Quintus mein neuer Freund. f) Oft arbeitet er wie ein guter Sklave. g) Bald erwirbt er für mich (= mir) viele Schmuckstücke."

15

Sortenrein *Kategorien bilden*

Bei manchen Wörtern gehört das -e- zum Stamm, bei anderen nicht. Hier musst du jeweils den Genitiv sorgfältig mitlernen. Bei dieser Übung kannst du deine Sicherheit testen:
Sortiere die folgenden Nomina richtig ein. Welches Wort tanzt aus der Reihe?

liber – niger – magister – noster – pulcher – vir – miser – vester – ager – puer

-e- gehört zum Stamm	-e- nur im Nom. Sg. ergänzt

Dein Einsatz, bitte! *Kongruenz Substantiv–Adjektiv anwenden*

Setze die in Klammern stehenden Nomina im richtigen Kasus ein. Übersetze dann:

a) Servae (vester) .... saepe (miser) .... sunt et flent.

b) Servas (vester) .... semper in (ager) .... tantum,

numquam in villa laborare video.

c) Itaque servae (vester) .... non (pulcher) ...., sed

(niger) .... sunt.

d) Servi (noster) .... profecto (miser) .... non sunt.

e) Nos servis (noster) .... ut viris (liber) .... imperamus.

Schulstunde bei Eudoxus

a) Pueri libenter ludum intrant et verba Eudoxi magistri audiunt.

b) Etiam imperiis magistri libenter parent.

c) Pueri gaudent: „Nos sumus Romani liberi, non servi.

d) Nos in agris non laboramus; nos in ludo pulchro studemus.

e) Nos non multis viris, sed magistro tantum nostro paremus."

Sklavenarbeit

Selbsttest zu den Lektionen 13–15

Bearbeite zunächst die Aufgaben. Vergleiche dann deine Antworten mit den Antworten im Lösungsteil. Dort findest du auch, wie viele Punkte du für jede richtige Antwort erhältst.
Zähle die Punkte, die du für deine richtigen Antworten erhalten hast, zusammen und ermittle danach mit der Bewertungstabelle am Ende des Selbsttests, wie deine Leistung zu bewerten ist.

1. Setze Singularformen in den Plural und umgekehrt. — 3 BE

a) sine me b) tibi c) ad vos

2. Setze die eingeklammerten Wörter jeweils im richtigen Kasus ein. — 3 BE

a) (Magna turba) videmus. b) (Discipulus novus) viam indico.
c) Portas (templa Romana) spectamus.

3. Bilde die verlangten Formen. — 3 BE

a) magnus ager → Dat. Sg. b) magister meus → Gen. Pl. c) oculum nigrum → Nom. Sg.

4. Führe die folgenden Wörter auf ihren lateinischen Ursprung zurück und nenne jeweils die deutsche Bedeutung des lateinischen Wortes. — 3 BE

a) Mein Großvater ist sehr vital. b) Darf ich dir ein Bonbon anbieten?
c) Im Postfach war wieder nur Reklame!

5. Übersetze ins Deutsche. — 8 BE

Ego sum dominus et multis servis impero. Nigri sunt, nam ex Africa veniunt. Mecum in agris laborare debent, sed vita servorum meorum misera non est.

BE	20–18	17–15	14–12	11–9	8–6	5–0
Bewertung	sehr gut	gut	zufriedenstellend	ausreichend	mangelhaft	ungenügend

16

Tauschbörse *Verbformen bilden: Kons. Konjugation*

a) Vertausche die Formen von narrare mit den entsprechenden von dicere:

narratis		narrant	
narras		narro	
narramus		narrat	

b) Vertausche jetzt die Formen von venire mit den entsprechenden von relinquere:

veniunt		venite!	
veni!		venis	
venit		venimus	
venitis		venio	

Sehnsucht nach Mama

a) Sextus, parvus puer, gaudet, ridet, dicit: **b)** „Iam diu exspecto. **c)** Sed nunc tandem avus venit et mihi agros, campos, oppida pulchra Campaniae ostendit. **d)** Equi carrum nostrum trahunt. **e)** Et mihi placet ante carrum equos per campos ducere. **f)** Sed materculam (Mama) et villam et oppidum nostrum profecto non libenter relinquo. **g)** Iam materculam desidero." **h)** Itaque avus dicit: **i)** „Cur non nuntium scribis? **j)** Tabulas Aeliae mitte! **k)** Profecto nuntium nostrum iam exspectat."

Eine Nachricht für Mama *Mit Texten arbeiten*

Sextus beginnt auf Wachstäfelchen eine Botschaft an Aelia, seine Mama (matercula), zu kritzeln. Leider ist der Weg recht holprig, sodass einige Buchstaben unleserlich sind. Ergänze diese Buchstaben, damit Aelia alles schnellstmöglich lesen kann:

17

Gewusst wie! *Wortbildungsregeln kennen und anwenden*

Manchmal, wenn du dein Lateinbuch in Händen hältst, denkst du sicherlich, dass man das nicht aus-halten kann, so viele Wörter be-halten und dazu noch so viele Grammatikregeln ein-halten zu müssen. Aber oft ist alles nicht so schwer. Denn an diesem einen Beispielsatz siehst du, dass es im Lateinischen genauso wie in deiner Muttersprache ist. Auch im Deutschen gilt die Gleichung:

Präfix (Präposition)	+	Verbum simplex	=	Kompositum
aus	+	halten	=	aushalten
e(x)	+	ducere	=	educere
re-	+	tenere	=	retinere

Beim letzten Beispiel lässt sich zudem feststellen, dass eine Wort-Zusammensetzung manchmal zu kleinen Lautänderungen führt. Zerlege nun folgende Komposita durch einen Trennstrich in die ursprünglichen Bestandteile und übersetze:

a) ad|ducere heran – führen
b) adesse
c) abducere
d) abesse
e) inducere
f) inesse
g) advenire
h) inscribere
i) conscribere
j) convocare
k) ebibere
l) remittere

Gut in Form? *Formen zu posse bilden*

Formuliere wie im Beispiel um. Übersetze dann:

Plenum carrum non traho. → Plenum carrum trahere non possum.

a) Pueri auxilium tibi non praebent. b) Tu mihi ades. c) Aquam non invenimus.

Schlappe Pferde *Mit Texten arbeiten*

Streiche die nicht passenden Verben durch. Übersetze dann schriftlich:

a) Avus equos e vineis **adducere** / **deducere** / **educere** non potest.
b) Nam equi carrum plenum **portare** / **trahere** / **adesse** non iam possunt.
c) Itaque avus multos servos **adducit** / **consistit** / **ostendit**.
d) Tum servis **ducit** / **adest** / **dicit**: „Servi, **adeste** / **deeste** equis!
e) Primo equos ad puteum (Brunnen) **deducite** / **inducite** / **adducite** et aquam **bibite** / **praebete** / **tenete**, tum cum equis carrum e vineis **ducere** / **trahere** / **portare** debetis."

18

1. Formvollendet *Verbformen bilden*

Bilde die angegebenen Verbformen:

	Infinitiv	1. Pers. Sg.	3. Pers. Pl.
Bsp. descendit	descendere	descendo	descendunt
a) facite!	fac	fac	fac
b) porta!	port	port	port
c) deest	de	de	de
d) cape!	cap	cap	cap
e) consiste!	consist	consist	consist
f) potes	po	po	po
g) relinquis	relinqu	relinqu	relinqu

2. Suchbild *Sätze bilden*

Suche aus folgendem Buchstabensalat vier Fragewörter in waagrechter und drei Fragewörter in senkrechter Schreibung heraus. Setze hierauf die „waagrechten" Fragewörter sinnvoll in die nebenstehenden Fragesätze ein. Übersetze dann:

q	u	s	b	t	c	u	l
m	t	c	u	r	u	n	m
m	v	v	b	r	i	g	w
g	q	y	i	x	m	k	v
f	u	n	u	n	d	e	s
n	i	b	q	w	r	p	v
q	s	u	c	q	u	i	d
q	u	i	n	e	t	d	e

a) .... non ad me venis?

b) .... ibi aspicis?

c) .... populus ante templum sacra facit?

d) .... pueri puellaeque veniunt?

3. Beim Juwelier (argentarius)

a) Argentarius: „Venite, pueri puellaeque! Ecce ornamenta mea pulchra! Placent**ne** vobis ornamenta mea? **Nonne** ornamenta mea vobis placent? **Quin** vobis ornamenta placent?"

b) Argentarius iterum: „Ornamenta parare potestis. Cara (teuer) non sunt. **Nonne** ornamenta paratis? **Quin** ornamenta vobis paratis? Vobis**ne** ornamenta paratis?"

Goldring mit Schlangenköpfen aus Pompeji.
1. Jh. n. Chr. Neapel, Museo Nazionale Archeologico.

Qualitätskontrolle

Selbsttest zu den Lektionen 16–18

Bearbeite zunächst die Aufgaben. Vergleiche dann deine Antworten mit den Antworten im Lösungsteil. Dort findest du auch, wie viele Punkte du für jede richtige Antwort erhältst.
Zähle die Punkte, die du für deine richtigen Antworten erhalten hast, zusammen und ermittle danach mit der Bewertungstabelle am Ende des Selbsttests, wie deine Leistung zu bewerten ist.

① Bilde jeweils die entsprechende Form von *mittere*. 4 BE

a) terreo b) sumus c) rogant d) auget

② Finde diejenigen Verben in der Liste, die die Sätze jeweils sinnvoll ergänzen. 4 BE

adducit – adducunt – adesse – adest – consistit – consistunt – posse – possum

a) Ego carrum trahere non ✱.
b) Priscus equos ✱.
c) Tibi ✱ non possumus.
d) Pueri ad basilicam ✱.

③ Setze alle Singularformen in den Plural und umgekehrt. 4 BE

a) Servus avi villas aspicit.
b) Deo summo sacra facimus.

④ Übersetze ins Deutsche. 8 BE

In vinea serva parva carrum plenum trahere non iam potest. Statim dominus venit et auxilium praebet: Equos adducit. Equi magni sunt. Servae adesse possunt.

BE	20–18	17–15	14–12	11–9	8–6	5–0
Bewertung	sehr gut	gut	zufriedenstellend	ausreichend	mangelhaft	ungenügend

19

1. Wechsel der Deklinationsklasse *Substantivformen bilden: 3. Dekl.*

a) Ersetze die Form von argentarius (Juwelier) jeweils durch die entsprechende Form von mercator. Verfahre bei domina und uxor genauso:

De argentari**o** narro.	→	De mercat......... narro.
Argentari**um** aspicio.	→	Mercat......... aspicio.
Argentari**is** respondeo.	→	Mercat......... respondeo.
Argentari**i** clamant.	→	Mercat......... clamant.
ornamenta argentari**i**	→	ornamenta mercat.........
Respondes argentari**o**.	→	Respondes mercat......... .
basilica argentari**orum**	→	basilica mercat.........
Video argentari**os**.	→	Video mercat......... .
Cum argentari**is** bibo.	→	Cum mercat......... bibo.
Amo domin**am**.	→	Amo uxor......... .
Domin**ae** adsum.	→	Uxor......... adsum.
Cum domin**a** rideo.	→	Cum uxor......... rideo.
ornamentum domin**ae**	→	ornamentum uxor.........
Apud domin**as** sto.	→	Apud uxor......... sto.
ornamenta domin**arum**	→	ornamenta uxor.........
Domin**ae** consistunt.	→	Uxor......... consistunt.
De domin**is** scribo.	→	De uxor......... scribo.

b) Dekliniere nun mercator clarus sowie uxor pulchra.

2. Streichkonzert *Kongruenz Substantiv–Adjektiv erkennen*

Streiche alle Adjektivformen, die nicht zum Substantiv der gleichen Zeile passen:

imperatorem	clarus	claros	clarum	clare
honores	multos	multis	multi	multorum
senatori	boni	bonis	bone	bono
uxores	pulchris	pulchrae	pulchras	pulchra
mercatoris	miser	miseris	miseri	miseros
senatorum	clarorum	clarum	claris	clari
mercatore	magne	magno	magni	magnis

Gewusst wie! *Übersetzungsmethoden kennen und anwenden*

Unterscheide mit Hilfe der Technik, die in 19 M genau beschrieben ist, die farbig markierten mehrdeutigen Endungen. Übersetze dann den Text:

a) Serv**is** miseris mercator**is** non licet auxil**ium** senatorum clar**orum** petere.

gefundene Form	servis	mercatoris	auxilium	senatorum	clarorum
1. Grundform und Klasse					
2. Mögliche Formen in dieser Klasse					
3. Kontext					

b) Cunct**i** vir**i** oppid**i** imperator**i** gratiam habent et cunct**is** imperi**is** imperator**is** libenter parent.

gefundene Form	viri	oppidi	imperatori	imperiis	imperatoris
1. Grundform und Klasse					
2. Mögliche Formen in dieser Klasse					
3. Kontext					

Gute Beziehungen sind alles – oder: „Vitamin B"

a) Hodie Aulus Popidius, mercator Pompeianus, pueris de imperatore Tito narrat: **b)** „Profecto imperatori Tito gratiam habere debeo. **c)** Nam per imperatorem Titum mihi licet multis senatoribus Romanis vinum nostrum vendere. **d)** Uxores senatorum bene sciunt: Iulia Berenice, amica imperatoris, libenter vinum Pompeianum bibit. **e)** Itaque etiam uxores senatorum vinum Pompeianum petunt. **f)** Nunc autem apud Titum summo in honore sum. **g)** Itaque imperator mihi tantum beneficium praebet: **h)** Mercatoribus Pompeianis imperio imperatoris non licet in foro Romano vina vendere. **i)** Aulus Popidius tantum in basilicis Romanis tabernas (Kaufläden) habere et vina Pompeiana vendere potest. **j)** Nonne Titus imperator bonus et clarus est?"

20

1 Arme Lehrer?! *Gliedsätze bilden*

Mache – wie im Beispiel gezeigt – aus Hauptsatz 2 einen Gliedsatz mit der geforderten Sinnrichtung. Übersetze dann:

> **Hauptsatz 1**   **Hauptsatz 2**
> Discipuli magistro non parent.   Discipuli magistrum non timent.
>   **kausale** Sinnrichtung
>
> Discipuli magistro non parent, **quod** magistrum non timent.
> Die Schüler gehorchen dem Lehrer nicht, weil sie den Lehrer nicht fürchten.

a) Cuncti discipuli magnos clamores faciunt.   Magister ante portam ludi stat.
temporale Sinnrichtung

b) Discipuli magistrum clamore torquere non dubitant.   Magister ante tabulam stat et monet.
konzessive Sinnrichtung

2 Wenn Secundus' Wünsche Wirklichkeit werden *Formen zu velle bilden*

Ersetze die Formen von posse (Wirklichkeit) durch die entsprechenden Formen von velle (Wunsch):

a) Primigeniam videre .... (**possum**).

b) Hodie ad Primigeniam properare .... (**possumus**).

c) (**Potes**) ....-ne amorem meum videre?

d) (**Potestis**) ....-ne mecum Primigeniam petere?

e) Quis mecum Primigeniam exspectare .... (**potest**)?

f) Filii Prisci oppidum et Primigeniam videre .... (**possunt**).

3 Stadtbummel

a) Priscus hodie pueros multis verbis monet, quia filii cum Secundo forum, basilicas, templa oppidi videre volunt: **b)** „Saepe in turba virorum mulierumque sceleratus latet et pecuniam vestram capere vult. **c)** Si viae oppidi non patent, sed equi carrique in viis stant, fur subito adest, pecunia statim deest. **d)** Itaque Zosimum servum vobiscum ducite, dum per vias properatis! **e)** Servus vobis adesse vosque liberare potest, si fur pecuniam vestram petit. **f)** Clamorem facite! Et tu, Secunde, filios meos relinquere non debes, quamquam semper ad Primigeniam, amorem tuum, properare vis. **g)** Cur ridetis, pueri? Nonne imperia mea in animo habetis? Nonne mihi parere vultis?"

21

1 Gut in Form? *Substantivformen bilden: 3. Dekl. auf -er*

Ersetze die Formen von *puer* durch die entsprechenden Formen von *pater*:

a) puerum		d) puerorum	
b) pueris		e) puero	1.
c) pueri	1.		2.
	2.	f) pueros	

2 Geschlechterwirrwarr *Kategorien bilden*

Unterstreiche bei den folgenden Substantiven alle Maskulina blau, Feminina rot und Neutra grün. Unterstreiche dabei Singular je einfach, Plural doppelt:

fratres – muliere – honoribus – sororibus – potestatis – sceleratis – balineis – servitutis – pecunia – sacra – uxori – voluntati – agri – imperii – clamori – matri – amori

3 Super-Secundus *Mit Texten arbeiten*

Primigenia erzählt ihren Eltern so begeistert von ihrem Verehrer Secundus und seiner Familie, dass sie manche Endungen verschluckt. Ergänze die Lücken und übersetze dann:

a) „Nonne Aulum Popidium, mercato............. et senato............. clar............., scitis? b) Profecto potesta............. Auli in civita............. nostra magna est. c) Nam etiam apud Titum Caesar............. Aulus summ............. in hono............. est. d) Multi viri et mulie............. voluntat............. Aul............. parent. e) Etiam Serenam, filiam Auli, bene scitis. Serena autem non tantum soro............., sed etiam frat............. pulch............. habet. f) Quis tam pulch............. et car............. quam Secundus, frat............. Serenae, est? g) Secund............. semper in anim............. habeo: heri, hodie, cras (morgen). h) Quis me a servitu............. amoris liberare potest?"

4 Politik in Pompeji

a) Secundus hodie Marco et Sexto fratribus de civitate Pompeianorum sic narrat: b) „Quamquam cuncti populi voluntati Titi Caesaris parent, civitas nostra profecto libera est. c) Nam Pompeianis honores potestatesque petere et duumviros (Duumvirn) creare licet. d) Si Pompeiani candidatos (Bewerber) bonos creant, duumviri tam bene imperant quam patres matresque filiis caris. e) Si autem duumviri amicis tantum adsunt, vita nostra servitus est. f) Profecto summa voluntas Pompeianorum est bonos tantum duumviros creare, quia cuncti Pompeiani libertatem semper amant: heri, hodie, cras (morgen).

Zwischenprüfung

Selbsttest zu den Lektionen 19–21

Bearbeite zunächst die Aufgaben. Vergleiche dann deine Antworten mit den Antworten im Lösungsteil. Dort findest du auch, wie viele Punkte du für jede richtige Antwort erhältst.

Zähle die Punkte, die du für deine richtigen Antworten erhalten hast, zusammen und ermittle danach mit der Bewertungstabelle am Ende des Selbsttests, wie deine Leistung zu bewerten ist.

1 **Ergänze das in Klammern stehende Wort in der richtigen Form.** 4 BE

a) (Mercator) videre non possum.

b) Viri (senatores) dona praebent.

c) Dominus cum (uxor) forum petit.

d) Consilia (mulieres) nobis non placent.

2 **Ersetze jeweils die Form von *avus* durch die entsprechende Form von *pater*.** 4 BE

a) Servi **avo** parent.

b) Villa **avi** pulchra est.

c) Iulia cum **avo** forum intrat.

d) Cornelia **avum** amat.

3 **Formuliere Wünsche. Orientiere dich dabei am Beispiel.** 4 BE

Basilicam video. → Basilicam videre volo.

a) Domini in forum properant.

b) Viri Romani sumus.

c) Magister turbam non iam audit.

d) Magnam villam aedificas.

4 **Übersetze ins Deutsche.** 8 BE

Mercator in foro stat et clamat, quia vinum bonum vendere vult. Domini veniunt, consistunt, dicunt: „Nos vino bono et claro saepe delectabas. Semper nobis placebat." Etiam nunc bibere non dubitant.

BE	20–18	17–15	14–12	11–9	8–6	5–0
Bewertung	sehr gut	gut	zufriedenstellend	ausreichend	mangelhaft	ungenügend

22

Ballgefühl *Verbformen bilden: Imperfekt*

a) Ergänze in der unteren Hälfte der Bälle jeweils die entsprechende lateinische Imperfektform:

b) Ergänze in der unteren Hälfte der Bälle jeweils die deutsche Übersetzung:

Gebet zu Jupiter

a) Servae Secundo nuntiant: „Vos in foro eratis. **b)** Pater autem vester primo amicis caris beneficia varia dabat, tum auxilium deorum rogabat. **c)** Audite verba domini: ‚Iuppiter, sic existimo: Tu in caelo et in terra imperabas et imperas. **d)** Tibi ceteri dei parebant et parent. **e)** Te non solum Romani antiqui amabant, sed etiam nos te amamus. **f)** Tu semper tua potestate familiam meam servabas. **g)** Itaque tibi nunc multa magnaque dona do.'"

Auf dem Forum *In das Lateinische übersetzen*

a) Ich freute mich, weil auch die Söhne des Priscus auf dem Forum waren.

b) Meine Freunde saßen vor der Markthalle im Schatten.

c) Dort erwarteten sie mich. Darauf betrachteten wir die Schmuckstücke der Händler.

23

Wort für Wort *Verbformen bilden: Imperfekt*

Welches Lösungswort ergibt sich in der ersten Zeile, wenn du alle Verbformen in Pfeilrichtung übersetzt?

1 du freutest dich	2 sie lobten	3 wir erblickten	4 ihr führtet	5 ich tötete	6 er hörte	7 sie schleppten	8 du zeigtest	9 wir verließen
G								
A								
U								
D								
E								
B								
A								
S								

Harte Burschen

a) Romani gladiatores amabant. **b)** Itaque in multis urbibus imperii Romani amphitheatra erant. **c)** Ibi gladiatores non solum viros, sed etiam mulieres virtute delectabant. **d)** Negotium gladiatoris erat se semper exercere. **e)** Pars gladiatorum neque dolores neque mortem timebat. **f)** Gladiatores clari per multos annos viros vel bestias interficiebant. **g)** Si gladiator bene pugnabat, populo licebat gladiatori libertatem dare.

Gladiatorenspiele

Markiere die fünf Fehler im Text:

Gladiatoren waren die großen Filmhelden der Antike. Ihr Sport war lebensgefährlich, denn jedes Duell endete tödlich. Die Sieger bekamen oftmals nicht nur die Freiheit, sondern auch Geldpreise. Das Volk passte auf, dass die Gladiatoren die Regeln einhielten. Die Kämpfe fanden zunächst vor kurzfristig dafür aufgebauten Tribünen, später im Zirkus statt.

Römisches Relief. Um 50 n. Chr.
Rom, Museo della Civiltà Romana.

Hilfe in höchster Not *In das Lateinische übersetzen*

a) Zuerst tötete der Gladiator viele Tiere. **b)** Dann konnte er wegen großer Schmerzen nicht mehr kämpfen. **c)** Deshalb wollten die übrigen Tiere den Gladiator töten. **d)** Aber das Volk half dem Gladiator. **e)** Denn es rief laut und erschreckte so die Tiere.

24

Klarer Fall *Kongruenz Substantiv–Adjektiv erkennen*

Ordne durch Buchstaben jedem Substantiv das passende Adjektiv zu:

monti A	fontem B	regionum C	multitudo D	nationibus E	solis F	homo G	urbes H
clara	clari	clarus	clarae	claro A	clarum	clararum	claris

Gewusst wie ! *Übersetzungsmethoden kennen und anwenden*

a) Gib jeweils die lateinische Lernform der farbig gedruckten Wörter an.
b) Bestimme dann genau ihre Form im Satzgefüge (Kasus / Numerus).
c) Bilde zuletzt die in b) bestimmte Form.

1. Viele Menschen nähern sich der Stadt, deren Größe enorm ist.

	a)	b)	c)
Menschen →	homo	Nom. Pl.	homines
Stadt →			
Größe →			

2. Alle Quellen entspringen in der Gegend der Berge.

	a)	b)	c)
Quellen →			
Gegend →			
Berge →			

Erdbeben in Pompeji

a) Pompeiani multos annos urbem aedificiis pulchris ornabant.
b) De montibus aquam fontium in urbem deducebant. c) Propter magnitudinem agrorum vinearumque aquam etiam ad agros vineasque adducebant. d) Subito autem terra se movet. Motus terrae (Erdbeben) multa aedificia antiqua et nova delet. e) Multitudo hominum statim vitam amittit. f) In cunctis partibus urbis non solum Pompeiani, sed etiam homines nationum variarum mortem timent. g) Existimant: Nisi statim urbem relinquimus, mors misera nos exspectat. h) Itaque e portis urbis in agros properant. i) Ibi multas horas manebant.

Gladiatorenprüfung

Selbsttest zu den Lektionen 22–24

Bearbeite zunächst die Aufgaben. Vergleiche dann deine Antworten mit den Antworten im Lösungsteil. Dort findest du auch, wie viele Punkte du für jede richtige Antwort erhältst. Zähle die Punkte, die du für deine richtigen Antworten erhalten hast, zusammen und ermittle danach mit der Bewertungstabelle am Ende des Selbsttests, wie deine Leistung zu bewerten ist.

1 Übersetze: 4 BE

a) amittebant b) exercebas c) interficiebat d) volebatis

2 Bestimme: 4 BE

a) possumus b) probant c) poteram d) existimabatis

3 Bilde: 6 BE

a) Gen. Sg. von homo b) Akk. Sg. von dolor c) Akk. Pl. von fons

d) Abl. Pl. von natio e) Gen. Pl. von virtus f) Dat. Sg. von sol

4 Ordne richtig zu: 6 BE

1 regionum	4 fontis	a) misero	d) magnis
2 montes	5 doloribus	b) clari	e) variarum
3 gladiatore	6 parti	c) nigros	f) magnae

5 Der folgende Satz enthält vier Fehler. 8 BE

Unterstreiche die Fehler im lateinischen Satz und verbessere sie:

Gladiatori in pugnam multitudinem leonis interficiunt.

(„Die Gladiatoren töteten im Kampf eine Menge von Löwen.")

6 Übersetze: 6 BE

Gladiator populum virtute delectabat. Neque dolores neque mortem timebat.

Punkte	34–29	28–24	23–19	18–13	12–8	7–0
Bewertung	Goldenes Schwert	Silbernes Schwert	Bronzenes Schwert	Holzschwert	Trainingslager	Straftraining

25

1 Ab ins Präteritum! *Verbformen ins Deutsche übersetzen*

Perfekt →	deutsches Präteritum		← Imperfekt
a) curavimus			g) exspectabant
b) intravisti			h) nesciebam
c) scivit			i) desiderabamus
d) audiverunt			j) laudabas
e) creavistis			k) veniebat
f) ornavi			l) portabatis

2 Einer spielt falsch *Perfektformen erkennen*

Unterstreiche in jeder Zeile die Wortform, die keine Perfektform ist, und bestimme sie genau:

a) audivi – <u>avi</u> – servavi → Gen. Sg. oder Nom. Pl. *m* von avus

b) captivis – nescivit – desideraverunt   c) servavimus – servitutis – superavistis

d) paravistis – parvi – pugnavisti   e) novis – narravi – nesciverunt

3 Ungeheuerlich

a) Heri primum in urbe eram. b) Post negotia mea ad amphitheatrum properavi. c) Ibi verba mira audivi. Nam serva servos rogavit: d) „Audivistisne de monstris malis montis? e) Ego antea monstra nescivi. f) Nunc autem scio: Monstra sub terra latent et homines bestiasque sub terram trahunt. g) Profecto summo in periculo sumus, dum in vineis laboramus." h) Servi primo servam spectaverunt, tum clamaverunt: i) „Numquam antea de tuis monstris miris audivimus. Tandem tace!"

4 Verseuchtes Wasser *In das Lateinische übersetzen*

a) Gestern arbeiteten (Impf.) die Sklaven viele Stunden (lang).

b) Sie sorgten (Perf.) für die Weinstöcke.

c) Sie trugen (Perf.) Wasser zu den Weinstöcken.

d) Zosimus prüfte (Perf.) das Wasser und meldete (Perf.) dem Herrn:

e) „Das Wasser ist schlecht. Wir sind in höchster Gefahr."

26

1. Zeitmaschine *Verbformen bilden: Perfekt*

Verwandle die Präsensformen in die entsprechende Form des Perfekts:

moneo	mones	monet	monemus	monetis	monent
↓	↓	↓ Perfekt	↓	↓	↓

dolent	timeo	terretis	exercet	docemus	pares
↓	↓	↓ Perfekt	↓	↓	↓

est	completis	volo	delemus	potes	flent
↓	↓	↓ Perfekt	↓	↓	↓

2. Von Fall zu Fall *Substantivformen bilden: 3. Dekl.*

Bilde zu jeder Form von silva die entsprechende Form von nox:

silva	silvis	silvarum	silvam	silvas	silvae (Gen.)
nox					

Bilde zu jeder Form von sonus die entsprechende Form von vox:

sono (Dat.)	sono (Abl.)	sonorum	soni (Nom.)	soni (Gen.)	sonos

3. Der Untergang Pompejis

a) Pompeiani in tanto periculo fuerunt ut numquam antea. b) Non solum mulieres, sed etiam viri mortem ante oculos habuerunt. c) Quia lux solis nondum defuit, homines miseri fugā salutem petere voluerunt. d) Mox autem nox nigra cunctas partes urbis tenuit. e) Pars hominum tacuit, pars propter timorem flevit et magna voce deos vocavit. f) Clamor turbae vias vicosque complevit. g) Tum Vesuvius mons urbem delevit. h) Sed multi Pompeiani urbem relinquere et vitam servare potuerunt.

27

Streichkonzert *Formen zuordnen: is, ea, id*

Streiche in jeder Zeile die Form des Substantivs, die nicht zur angegebenen Form von is, ea, id passt.

a) monstra – domina – periculum: **ea**

b) uxoris – viris – regionibus: **eis** (iis)

c) annus – uxor – fons: **is**

d) timori – tecti – horae: **eius**

e) virtutem – hominem – mulierem: **eam**

f) nationi – viri – templo: **ei**

g) partes – montes – dolores: **eos**

h) timorem – hominum – avum: **eum**

1, 2 oder 3? *Übersetzungen prüfen*

Kreuze jeweils die richtige Übersetzung an:

a) Ei homines arma amittunt.
1. ○ Diese Menschen lassen die Waffen zurück.
2. ○ Diese Menschen verlieren die Waffen.
3. ○ Die Menschen verlieren diese Waffen.

b) Liberi ei respondent.
1. ○ Sie antworten diesen Kindern.
2. ○ Die Kinder antworten ihm.
3. ○ Die Kinder antworten diesen.

c) Id monstrum semper timuisti.
1. ○ Ihr fürchtet dieses Ungeheuer immer.
2. ○ Du fürchtest immer diese Ungeheuer.
3. ○ Dieses Ungeheuer fürchtest du immer.

d) Bestia in eo muro iacuit.
1. ○ Ein Tier liegt unter dieser Mauer.
2. ○ Auf dieser Mauer liegt ein Tier.
3. ○ Ein Tier lag auf dieser Mauer.

e) Dominus cum servis id tectum servavit.
1. ○ Der Herr rettete mit den Sklaven dieses Haus.
2. ○ Der Herr rettet mit den Sklaven dieses Haus.
3. ○ Der Herr rettete mit diesen Sklaven dieses Haus.

f) Cum reliquias eius tecti aspiciunt, flent.
1. ○ Als sie diese Ruine des Hauses erblicken, weinen sie.
2. ○ Sie erblicken sie mit der Ruine des Hauses und weinen.
3. ○ Als sie die Ruine dieses Hauses erblicken, weinen sie.

Die Wiederentdeckung Pompejis *Textverständnis anwenden*

Übersetze die vier Sätze und bringe sie in die logisch richtige Reihenfolge.

○ Et profecto reliquias Pompeiorum inveniebant.

○ Reliquias eius urbis adhuc videre potestis, si in regionem Vesuvii montis venitis.

○ Sed quia multi homines Romanos amaverunt, eam urbem claram invenire temptabant.

○ Multos annos Pompei in tenebris terrae latuerunt.

Nun mach schon! *In das Lateinische übersetzen*

a) Steht auf, Kinder!   b) Sag mir, Vater!   c) Führt mich, Sklaven!   d) Mach endlich, Sextus!

e) Hilf mir, Primigenia!   f) Führe mich, Junge!

Katastrophenübung

Selbsttest zu den Lektionen 25–27

Bearbeite zunächst die Aufgaben. Vergleiche dann deine Antworten mit den Antworten im Lösungsteil. Dort findest du auch, wie viele Punkte du für jede richtige Antwort erhältst. Zähle die Punkte, die du für deine richtigen Antworten erhalten hast, zusammen und ermittle danach mit der Bewertungstabelle am Ende des Selbsttests, wie deine Leistung zu bewerten ist.

Blick in das Gartenatrium der „Casa di Venere" in Pompeji.

1 Übersetze: 4 BE

a) cadit   b) temptavisti   c) iacuerunt   d) potuistis

2 Bestimme: 4 BE

a) probant   b) servavi   c) iacuerunt   d) temptabatis

3 Bilde: 6 BE

a) Gen. Sg. von vox   b) Akk. Sg. von salus   c) Akk. Pl. von nox

d) Abl. Pl. von is   e) Gen. Sg. von ea   f) Dat. Sg. von id

4 Ordne richtig zu: 6 BE

1 noctis	2 puer	3 vocem	4 periculum	5 timoribus	6 monstro
a) eam	b) id	c) eis	d) ei	e) is	f) eius

5 Der folgende Satz enthält vier Fehler. 8 BE

Unterstreiche die Fehler im lateinischen Satz und verbessere sie:

Post eam nocte arma imperatori in castra iacuit.

(„Nach dieser Nacht lagen die Waffen des Feldherrn im Lager.")

6 Übersetze: 6 BE

Is magister heri in ludo fuit. Verba eius multi liberi libenter audiverunt.

Punkte	34–29	28–24	23–19	18–13	12–8	7–0
Bewertung	völlig unversehrt	ein paar blaue Flecken	leichte Prellungen	schwere Prellungen	leichte Verbrennungen	schwere Verbrennungen

40

28

1 Zeitspiel — Verbformen bilden: Präsens, Imperfekt, Perfekt

Fülle die Lücken nach dem vorgegebenen Muster:

Gegenwart		Vergangenheit		
a) maneo	ich bleibe	manebam	ich blieb	mansi
b)			er konnte	
c)	wir fallen			
d) torquetis				
e)		amittebant		
f)	ihr weint			
g) aspiciunt				

2 Perfektionist — Perfektbildung erkennen

Übersetze und kreuze an, welche Perfektbildung jeweils vorliegt:

u = u-Perfekt **v** = v-Perfekt **s** = s-Perfekt **R** = Reduplikationsperfekt

        u v s R

a) Mihi honorem praestitisti. ○ ○ ○ ○

b) De carro cecidistis. ○ ○ ○ ○

c) Eum ad fontem duximus. ○ ○ ○ ○

d) Leo in silva latuit. ○ ○ ○ ○

e) Bestiae vitam amiserunt. ○ ○ ○ ○

f) Carrum ad oram traxit. ○ ○ ○ ○

g) Sol occidit. ○ ○ ○ ○

h) Consilia bona dederunt. ○ ○ ○ ○

3 Ehre, wem Ehre gebührt!

a) Cum summus timor homines torsit, auxilium Herculis rogaverunt. b) Neque enim is vir pericula neque mortem timuit. c) Sic leonem multaque monstra mala ad mortem misit. d) Itaque multa oppida ei magnos honores praestiterunt. e) Etsi Hercules Romanus non fuit, etiam Romani ei monumenta aedificaverunt. f) Postea imperatores Romani, quia amorem populi in eum senserunt, urbem statuis eius ornaverunt.

29

Zeitreise *Verbformen bilden: Präsenz, Imperfekt, Perfekt*

Bilde die jeweils verlangte lateinische Verbform:

	Präsens	Imperfekt	Perfekt	
a) bewahren	servo	servabam	servavi	1. Pers. Sg.
b) töten				1. Pers. Sg.
c) begreifen				3. Pers. Pl.
d) verlassen				3. Pers. Sg.
e) bewegen				1. Pers. Pl.
f) herabsteigen				2. Pers. Pl.
g) wenden				2. Pers. Sg.
h) sitzen				1. Pers. Pl.
i) machen				3. Pers. Pl.
j) (ver)handeln				1. Pers. Sg.

Fehlerhaft *Übersetzungen prüfen*

Jeder der folgenden lateinischen Sätze weist zwei Fehler auf.
Unterstreiche sie und verbessere die Sätze:

a) Hercules leones interficit.   Herkules tötete den Löwen.

b) Tum ad fluvio descenderunt.   Dann stieg er zum Fluss hinab.

c) Ibi deos sacrum facit.   Dort opferte er den Göttern.

d) Postea animum ad factis novis vertit.

Nachher wandte er seinen Geist neuen Taten zu.

Welch ein Mann!

a) Titus: „Vidistine statuas Marci Noni Balbi, Quinte? Profecto is vir urbem nostram multis aedificiis auxit." **b)** Quintus: „Ita est. De cunctis beneficiis eius vix narrare possum. **c)** Balbus ut rex bonus patriam nostram basilica et portis et muro ornavit. **d)** Consilia bona cepit. Magna facta fecit." **e)** Titus: „Ego sic existimo: Is senator clarus etiam Herculem, patrem urbis nostrae, beneficiis vicit." **f)** Quintus: „Ita est. Quia Balbus noster semper bene egit, nunc in summo honore est." **g)** Tum Quintus oculos ad Valerium vertit et rogavit: „Comprehendistine, puer?" **h)** Valerius respondit: „Comprehendi! Balbus ut deus ad nos descendit. Itaque eum ut deos statuis laudamus."

30

Himmelsleiter

Übersetze, über welche Stufen Herkules in den Olymp aufstieg:

Olymp	
Stufe 12	Cerberum ad Eurystheum regem traxit.
Stufe 11	Oppidum a leone servavit.
Stufe 10	Monstra ab urbibus prohibebat.
Stufe 9	Homines (a) periculis liberabat.
Stufe 8	Eurystheo regi multa officia praestabat.
Stufe 7	Virtute dolores vincebat.
Stufe 6	Saepe cibis bonis carebat.
Stufe 5	Prima luce surgebat.
Stufe 4	A timore liber erat.
Stufe 3	Iniuria dolebat.
Stufe 2	Laboribus gaudebat.
Stufe 1	Ingenio non caruit.

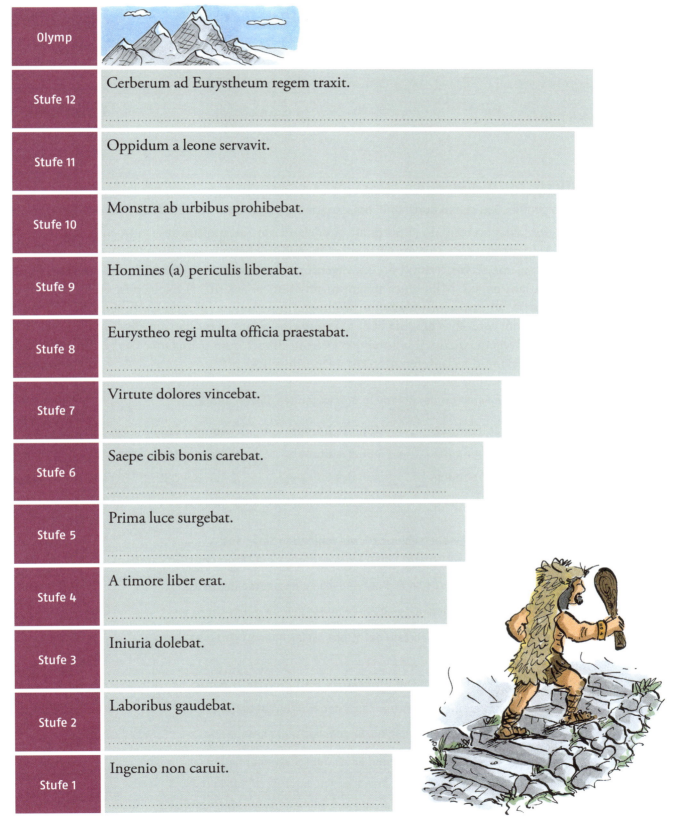

Allzeit bereit *Zeitangaben übersetzen*

Übersetze die Zeitangaben:

a) ea nocte		f) ante cenam	
b) eis horis		g) prima luce	
c) multas horas		h) hodie	
d) heri		i) ceteris annis	
e) eo anno		j) multos annos	

Textarbeit *Mit Texten arbeiten*

Lies den folgenden Text genau durch und löse danach die Aufgaben unter dem Text:

a) Augias rex: „Magno imperio et potestate gaudebam. b) Sed multitudine taurorum (Stiere) laborabam, quia bono consilio carebam. c) Tandem ingenium Herculis me a fimo (Mist) eorum liberavit. d) Is vir ut deus me servavit, quod dolum invenit et copiam fimi ingenio vicit. e) Itaque Herculi magnam gratiam habeo. Mihi enim magnum officium praestitit. f) Paulo post etiam id audivi: Pluto Herculem ab imperio umbrarum prohibere non potuit. g) Etsi Cerberum misit, tamen Hercules virtutem ostendit. h) Quia liber a timore erat, etiam id monstrum superavit et e tenebris ad Eurystheum regem eduxit. i) Is autem monstrum timuit, cum prima luce Cerberum aspexit, et dixit: j) ‚Quia etiam id factum fecisti, nunc a laboribus liber es.'"

1. Kreuze an, welche Funktion der Ablativ in den folgenden Sätzen erfüllt:

Satz a)	○ Abl. der Trennung	○ Abl. des Grundes	○ Abl. der Zeit	○ Abl. des Mittels
Satz c)	○ Abl. der Trennung	○ Abl. des Grundes	○ Abl. der Zeit	○ Abl. des Mittels
Satz d)	○ Abl. der Trennung	○ Abl. des Grundes	○ Abl. der Zeit	○ Abl. des Mittels
Satz i)	○ Abl. der Trennung	○ Abl. des Grundes	○ Abl. der Zeit	○ Abl. des Mittels

2. Wähle jeweils die richtige Übersetzung für die folgenden Sätze aus:

Satz b) Sed multitudine taurorum (Stiere) laborabam, quia bono consilio carebam.

1 ○ Aber die Menge der Stiere war in Not, weil ich keinen guten Rat hatte.

2 ○ Aber ich litt unter der Menge der Stiere, weil ich keinen guten Rat hatte.

3 ○ Aber ich litt unter der großen Zahl der Stiere, weil ich einen guten Rat hatte.

Satz f) Pluto Herculem ab imperio umbrarum prohibere non potuit.

1 ○ Pluto kann den Herkules nicht vom Reich der Schatten abhalten.

2 ○ Pluto hielt den Herkules mit aller Macht vom Reich der Schatten ab.

3 ○ Pluto konnte den Herkules nicht vom Reich der Schatten abhalten.

3. Wähle aus den folgenden Überschriften die aus, die am besten zum Text passt:

○ Herkules und Augias   ○ Herkules – ein Held mit Kraft und Verstand   ○ Herkules und Zerberus

Herkulesarbeit

Selbsttest zu den Lektionen 28–30

Bearbeite zunächst die Aufgaben. Vergleiche dann deine Antworten mit den Antworten im Lösungsteil. Dort findest du auch, wie viele Punkte du für jede richtige Antwort erhältst. Zähle die Punkte, die du für deine richtigen Antworten erhalten hast, zusammen und ermittle danach mit der Bewertungstabelle am Ende des Selbsttests, wie deine Leistung zu bewerten ist.

1. Übersetze: 4 BE

a) dedit   b) egistis   c) sensi   d) sederunt

2. Gib die Art der Perfektbildung an: 4 BE

a) stetisti   b) senserunt   c) movimus   d) descendistis

3. Bilde jeweils Präsens und Perfekt: 6 BE

a) 1. Pers. Sg. von facere   b) 3. Pers. Sg. von movere   c) 1. Pers. Pl. von vertere

4. Ergänze die fehlenden Endungen und übersetze: 8 BE

a) e▢ nocte   b) ann▢ Domini   c) prima luc▢   d) ceter▢ annis

5. Wie fragt man nach den farbig gedruckten Worten?   4 BE

a) **Eo anno** patrem amisit.   b) **Morte** amici doluit.

c) Mensam **cibo** complevit.   d) **Multas horas** ibi sedit.

6. 4 aus 12 Nenne vier Taten des Herkules.   4 BE

7. Wer ist wer in der Unterwelt? Nenne den Namen…   4 BE

a) des Fährmanns   b) des Reichs der Seligen

c) des Unterweltflusses   d) des Orts für Bösewichte

Punkte	34–29	28–24	23–19	18–13	12–8	7–0
Bewertung	Goldenes Löwenfell	Silbernes Löwenfell	Bronzenes Löwenfell	Haarbüschel vom Löwenfell	vom Löwen verletzt	vom Löwen verspeist

31

1 Auf zu neuen Ufern! *Formen bilden: Akkusativ*

Übersetze nach dem folgenden Muster die lateinischen Wendungen und setze sie danach in den Akkusativ:

	Übersetzung	Akkusativ
a) multi agri	viele Äcker	multos agros
b) portae altae		
c) muri antiqui		
d) silva nigra		
e) urbs alia		
f) templum novum		
g) montes alti		
h) aedificia varia		
i) vicus parvus		
j) mulieres pulchrae		

2 Neuigkeiten aus Troja *AcI bilden*

Lies jeweils die deutsche Übersetzung der folgenden Sätze und ergänze die lückenhaften AcI-Konstruktionen:

a) Mulieres audiverunt fili.................... regis cum Helena Spartam reli.................... .
Die Frauen hörten, dass der Sohn des Königs mit Helena Sparta verlassen hatte.

b) Mulieres sciunt Troian.................... semper victor.................... .
Die Frauen wissen, dass die Troianer immer Sieger gewesen sind (waren).

c) Mulieres audiverunt vir.................... Helenae a fratre auxilium pet.................... .
Die Frauen hörten, dass der Mann der Helena von seinem Bruder Hilfe erbeten hatte.

d) Mulieres audiverunt de.................... Graecos a Troia prohib.................... .
Die Frauen hörten, dass die Götter die Griechen von Troja abhielten.

e) Mulieres autem nesciverunt imperator.................... Graecorum sacrum f.................... .
Die Frauen wussten aber nicht, dass der Befehlshaber der Griechen geopfert hatte.

f) Mulieres audiunt mulier.................... Troianorum pulchras.................... .
Die Frauen hören, dass die Frauen der Trojaner schön sind.

Fluchtweg aus Troja *Spielend üben*

Bei der Eroberung Trojas können einige Trojaner fliehen. Ihr Fluchtweg führt waagrecht oder senkrecht über die Felder, die eine AcI-Konstruktion beinhalten. Finde den Weg (Vorsicht vor Sackgassen!) und übersetze jeweils die AcI-Konstruktionen, die überquert werden:

1 Troiam temptare voluerunt.	2 Mulieres interficere in animo habuit.	3 Ex urbe cedere vix potuerunt.
4 Graecos vicisse scimus.	5 Diu urbem vincere non poterant.	6 Urbem temptare paravit.
7 Troianos dolum non animadvertere putant.	8 Urbem delere in animo habuerunt.	9 Consilium cepit castra relinquere.
10 Eos in ora constitisse animadvertit.	11 Multos annos pugnare debebant.	12 Troianos mortuos in urbe iacere videmus.
13 Periculum in equo latere sensit.	14 Urbem capere studuerunt.	15 Graecos urbem delere audivimus.
16 Graecos patriam non petivisse constat.	17 Graecos a timore liberos non fuisse scitis.	18 Mulieres Graecorum bello doluisse dixit.

(Troja links, Meer rechts)

Der Tod des Laokoon

a) Constat Troianos in ora ante equum constitisse. **b)** Quia Laocoon, vir honestus, sensit periculum in eo equo latere, ex urbe cessit et Troianos monuit. **c)** Magna voce dicebat eum equum certe dolum belli esse, cum duo serpentes (*zwei Schlangen*) ex aqua Laocoontem petiverunt. **d)** Paulo post ea monstra Laocoontem cum filiis interfecerunt. **e)** Etsi Troiani morte Laocoontis doluerunt, tamen putaverunt mortem eius voluntatem deorum esse. **f)** Ita non iam dubitaverunt equum in urbem trahere. **g)** Constat Graecos propter id factum mox victores fuisse.

Das Danaergeschenk *In das Lateinische übersetzen*

a) Es steht fest, dass die Griechen in großer Gefahr gewesen sind (waren). **b)** Es ist bekannt, dass Laokoon das Pferd mit Waffen angegriffen hat. **c)** Wir haben gehört, dass die Griechen im Pferd den Tod fürchteten. **d)** Wir wissen, dass diese in der Nacht die Stadt zerstört haben (zerstörten).

32

1. Albträume — AcI übersetzen

Übersetze die AcI-Konstruktionen:

Dido videt …	Dido sieht,
a) se patriam antiquam amisisse.	
b) se sibi salutem quaerere.	
c) maritum suum gladio se temptare.	

Aeneas videt …	Äneas sieht,
d) se Creusam uxorem quaerere.	
e) eam a deis auxilium petere.	
f) sibi finem vitae adesse.	

Troiani vident …	Die Trojaner sehen,
g) Graecos secum pugnare.	
h) imperatorem eorum liberos suos interficere.	
i) Didonem sibi patriam novam praebere.	

2. Äneas weiß … — Lateinische Sätze bilden: AcI

Mache die wörtlichen Reden abhängig von *Aeneas scit* und übersetze die so entstandenen AcI-Konstruktionen:

a) Aeneas: „Uxorem amisi."

→ Aeneas scit …………………………………

Äneas weiß, dass …………………………………

b) Aeneas: „Potestas Didonis meae magna est."

→ Aeneas scit …………………………………

Äneas weiß, dass …………………………………

c) Aenaes: „Amici mei in urbe eius manere volunt."

→ Aeneas scit …………………………………

Äneas weiß, dass …………………………………

3 Dido erzählt... *Mit Texten arbeiten*

Lies die deutsche Übersetzung und vervollständige die lateinischen Sätze:

a) Dido narrat .... maritum novum nondum ....
Dido erzählt, dass sie (selbst) noch keinen neuen Ehemann gefunden hat (= einen neuen Ehemann noch nicht gefunden hat.)

b) Dido gaudet Aeneam de .... tantum ....
Dido freut sich, dass Äneas nur mehr an sie (selbst) denkt.

c) Dido dolet .... nocte apud .... esse.
Dido ist traurig, dass er nachts bei seinen Freunden ist.

d) Dido putat cives .... regem novum ....
Dido glaubt, dass sich ihre (eigenen) Bürger nach einem neuen König sehnen.

e) Dido .... Iovem consilia .... non ....
Dido weiß nicht, dass Jupiter ihre Pläne nicht für gut befindet.

4 Juno überlegt... *Pronomina im AcI erkennen*

Übersetze und entscheide jeweils, welches Pronomen richtig ist:

a) Iuno **se** / **sibi** tantum et consilia **sua** / **eorum** curat.

b) Itaque **cum ea** / **secum** cogitat: „Aeneas sine Didone **eius** / **sua** vivere vix potest.

c) Vox amicae **sibi** / **ei** placet. Oculos **suos** / **eius** semper videre vult.

d) Is vir clarus dolet **se** / **eam** non semper **se** / **eam** convenire posse.

e) Maritum meum amori **suo** / **eorum** finem facere non oportet."

5 Jupiter spricht...

a) „Aeneas officia sua non praestat. **b)** Constat enim eum apud Didonem manere velle. **c)** Itaque oportet Mercurium in fines Carthaginis descendere. **d)** Nam Aeneas consiliis suis statim finem facere debet. **e)** Nescit sibi non licere maritum eius mulieris esse. **f)** Negotium eius est cum Troianis aliam patriam quaerere. **g)** Non est voluntas mea eum in urbe Didonis diutius (länger) manere."

33

Arme Dido *Tempusgebrauch anwenden*

Markiere durch Unterstreichen, ob Perfekt oder Plusquamperfekt verwendet werden muss, und übersetze:

a) Quia Aeneas amori finem fecit / fecerat, Dido multas horas flevit. **b)** Quod soror eius sensit eam iniuria Aeneae dolere, dixit / dixerat: **c)** „Aeneae veniam da! Is te reliquit, ut Iuppiter ei imperavit / imperaverat. **d)** Aeneas maritus tuus esse voluit. **e)** Sed imperium Iovis eum in patriam novam miserat / misit. **f)** Itaque te reliquit." **g)** Quamquam Dido verba sororis audivit / audiverat, de vita desperavit. **h)** Magnam audaciam demonstravit et se gladio occidit.

Unfreundliche Aufnahme

Stelle einen vollständigen deutschen und einen vollständigen lateinischen Text her:

a) Aeneas narrat: „Didonem reliqui, wie die Götter mir vorher befohlen hatten. **b)** Weil mich Merkur ermahnt hatte, Italiam petivi. **c)** Obwohl König Latinus im Sinn gehabt hatte filiam suam mihi dare, uxor eum ab eo consilio prohibuit. **d)** Sie hatte nämlich gehofft Turnum me vincere posse. **e)** Ein wenig später hat Turnus meinen Freund getötet, quamquam is veniam ab eo petiverat."

Lateinischer Text:

Der Götterbote Merkur. Deckenfresko von Giovanni Battista Tiepolo in der Fürstbischöflichen Residenz in Würzburg. 1750/53.

Deutscher Text:

Textarbeit *Mit Texten arbeiten*

Lies den folgenden Text genau durch und löse danach die Aufgaben unter dem Text:

a) Subito Achilles pugnae finem fecerat. **b)** Itaque Troiani speraverunt se vincere posse. **c)** Nam Graeci urbem non ceperant, quamquam summa virtute pugnaverant. **d)** Sed paulo post Achilles Hectorem mortuum circum muros traxit. **e)** Ea hora multi Troiani quidem de salute desperaverunt. **f)** Priamus rex autem non desperavit, quamquam Hectorem filium amiserat. **g)** Nocte in castra Graecorum ad Achillem properavit. **h)** Ante eum in terram cecidit et dixit: „Da patri misero filium mortuum! Volo eum in urbem meam portare." **i)** Quia ea verba Achillem moverant, ita respondit: „Veniam mihi da, pater! Surge et audi! …"

König Priamos vor Achill. Römischer Silberbecher. 1. Jh. v. Chr. Kopenhagen, Nationalmuseet.

1. Wähle aus den folgenden Überschriften die aus, die am besten zum Text passt:

- Der Kampf um Troja
- Priamos – ein weiser König
- Achill und Hektor
- Priamos bei Achill

2. Richtig oder falsch?

	richtig	falsch	nicht im Text
Hektor schleppte den toten Achill um die Mauern.			
Die Griechen wollten die Stadt erobern, schafften es aber zunächst nicht.			
Priamus gab alle Hoffnung auf.			
Priamos tadelte Achill, dass er seinen Sohn getötet hatte.			
Odysseus riet Achill davon ab, Priamos zu sich zu lassen.			
Achill ging auf die Bitte des Priamos ein.			

3. Kreuze an, wie viele Verbformen im Text im … stehen:

Plusquamperfekt	4	5	6	7
Perfekt	6	7	8	9
Imperativ	2	3	4	5
Infinitiv	1	2	3	4

4. Gib an, wer in Satz b mit se gemeint ist: ....

5. Gib an, wer in Satz h mit eum gemeint ist: ....

Mutprobe
Selbsttest zu den Lektionen 31–33

Bearbeite zunächst die Aufgaben. Vergleiche dann deine Antworten mit den Antworten im Lösungsteil. Dort findest du auch, wie viele Punkte du für jede richtige Antwort erhältst. Zähle die Punkte, die du für deine richtigen Antworten erhalten hast, zusammen und ermittle danach mit der Bewertungstabelle am Ende des Selbsttests, wie deine Leistung zu bewerten ist.

1 **Bestimme die Zeit: (z. B. est: Präsens)** 4 BE

a) sperat   b) quaesiverunt   c) voluerat   d) poterant

2 **Übersetze:** 4 BE

a) fueras   b) putaveram   c) constiterunt   d) desperant

3 **Bilde Imperfekt und Plusquamperfekt:** 6 BE

a) 2. Pers. Sg. von surgere   b) 3. Pers. Sg. von vivere   c) 2. Pers. Pl. von convenire

4 **Äneas erzählt.** 9 BE

Wandle jeweils in eine AcI-Konstruktion um:

a) Turnus arma cepit. → Aeneas narrat   b) Graeci urbem deleverunt. → Aeneas narrat

c) Uxorem quaero. → Aeneas narrat

5 **Welches Pronomen ist richtig?** 6 BE

a) Mercurius Aeneae demonstravit **eum** / **se** Didonem relinquere oportere.

b) Latinus rex audivit Aeneam filiam **eius** / **suam** petere.

c) Turnus speraverat **se** / **eos** Troianos mox vincere posse.

6 **Übersetze:** 5 BE

Quia Turnus amico Aeneae veniam non dederat, Aeneas eum sine venia occidit.

Punkte	34–29	28–24	23–19	18–13	12–8	7–0
Bewertung	absolut angstfrei	angstfrei	meist angstfrei	etwas schreckhaft	ängstlich	Hasenfuß

34

1 Reine Form(en)sache — Formen bilden

Übersetze die folgenden Wendungen und setze sie jeweils in die verlangten Fälle:

a) equus celer das schnelle Pferd	b) vox acris	c) iuvenis pulcher	d) auxilium celere
↓	↓	↓	↓
Dat. Sg. equo celeri	Gen. Pl.	Akk. Sg.	Akk. Sg.
↓	↓	↓	↓
Dat. Pl.	Dat. Pl.	Akk. Pl.	Akk. Pl.
↓	↓	↓	↓
Abl. Pl.	Abl. Pl.	Abl. Sg.	Nom. Pl.
↓	↓	↓	↓
Abl. Sg.	Akk. Pl.	Gen. Sg.	Gen. Sg.

2 Klarer Fall — Kasusformen aus dem Kontext erschließen

Ermittle aus dem Kontext, in welchem Fall sich die jeweils farbig markierten Wörter befinden, und kreuze die richtige Lösung an. Übersetze danach:

a) Auxilio celeri comitis novi gaudebam.	○ Dat. Sg.	○ Abl. Sg.	○ Gen. Sg.
b) Verba acria amici me moverunt.	○ Akk. Pl.	○ Nom. Pl.	○ Nom. Sg.
c) Milites celeres arma acria secum portant.	○ Nom. Pl.	○ Gen. Pl.	○ Akk. Pl.
d) Puer voce acri bestiam pepulit.	○ Vok. Sg.	○ Dat. Sg.	○ Abl. Sg.
e) Faustulus consilium celere cepit.	○ Gen. Pl.	○ Akk. Sg.	○ Abl. Sg.

3 Die Frau des Faustulus erzählt …

a) „Faustulus ad me pueros parvos portavit. b) Lupam (Wölfin) eos curavisse dixit. c) Itaque deos signum dedisse putavi: Nam pueri e lupa biberant. d) Postea eos tamquam filios curabam et eis multas fabulas narrabam. e) Narravi Herculem ingenio acri et magna audacia Augiae regi auxilium celere praebuisse. f) Narravi Troianos milites Graecos diu ab urbe reppulisse. g) Narravi milites Graecos Troianos tandem e patria pepulisse. h) Narravi Aeneam iuvenem cum comitibus salutem fuga petivisse. i) Saepe narrare debui amorem Didonis Aeneam diu ab Italia prohibuisse. j) Certe pueri semper fabulis meis gaudebant."

35

1 Fische fangen *Formen zuordnen: Adjektive 3. Dekl.*

Bestimme die Substantive (KNG) und ordne ihnen die Adjektivformen zu, die ins Netz gegangen sind:

	Bestimmung	Zuordnung
a)		amore
b)		miles
c)		consilia
d)		comites
e)		pugna
f)		negotiorum
g)		verbum

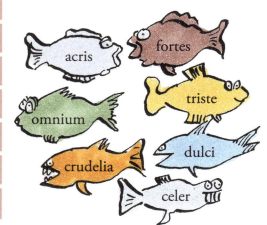

2 Romulus und Remus *Kongruenz Substantiv–Adjektiv anwenden*

Markiere jeweils die richtige Form des Adjektivs und übersetze:
Romulus et Remus …

a) facta **forte, fortia, fortes** faciunt. b) dolos **turpes, turpis, turpi** non inveniunt. c) consiliis **malo, malis, malos** carent. d) imperia **crudele, crudelia, crudelis** non dant. e) amicos **tristis, tristes, tristibus** curant. f) salute **omnes, omnibus, omnium** amicorum gaudent. g) **omnis, omnibus, omnes** comitibus auxilium **celere, celer, celerium** praebent. h) amico **miseri, misero, miseris** adsunt. i) iniuria **turpe, turpis, turpi** dolent.

3 Sturz vom Thron *Mit Texten arbeiten*

Füge die Subjunktionen quamquam, postquam, dum sinnvoll in den Text ein und übersetze:

a) .... Amulius se verbis dulcibus defenderat, tamen veniam Numitoris petere non potuit. b) .... is fratrem crudelem accusat, unus e comitibus Romuli magna voce clamabat: c) „Narrate omni populo de factis turpibus Amulii!" d) .... populus tristis audivit Amulium regem non fortem, sed crudelem fuisse, eum e loco regis pepulit et Numitorem regem novum salutavit.

36

1 Im Gleichschritt *Formen bilden: Relativpronomen*

Setze das Relativpronomen in die verlangten Formen:

	Singular				Plural		
	a) qui	**b)** quae	**c)** quod		**d)** qui	**e)** quae	**f)** quae
Akk. ↓	↓	↓	↓	Akk. ↓	↓	↓	↓
Abl. ↓	↓	↓	↓	Abl. ↓	↓	↓	↓
Gen. ↓	↓	↓	↓	Gen. ↓	↓	↓	↓
Dat. ↓	↓	↓	↓	Dat. ↓	↓	↓	↓

2 Relativ einfach *Relativpronomen übersetzen*

Übersetze die Verbindungen aus Bezugswort und Relativpronomen:

a) locus, qui … → der Ort, der …

b) urbs, quae …   **c)** noctes, quae …   **d)** consilia, quae …

e) iuvenes, quorum …   **f)** signa, quibus …   **g)** dea, cuius …

h) puellae, quarum …   **i)** deus, cuius …   **j)** amici, cum quibus …

3 Brudermord *Übersetzungen prüfen*

Kreuze jeweils die richtige Übersetzung an und unterstreiche bei den anderen Übersetzungsvorschlägen den Fehler:

a) Die Natur des Ortes, den Romulus zuerst ausgewählt hatte, war nicht günstig.

   1. ⬤ Natura loci, quem Romulus primo delegerat, opportuna non fuit.
   2. ⬤ Natura loci, quod Romulus primo delegerat, opportuna non fuit.
   3. ⬤ Natura loci, quos Romulus primo delegerat, opportuna non fuit.

b) Romulus befand die Gegend nicht für gut, die Remus lobte.

   1. ⬤ Romulus regionem, cui Remus laudabat, non probavit.
   2. ⬤ Romulus regioni, quam Remus laudabat, non probavit.
   3. ⬤ Romulus regionem, quam Remus laudabat, non probavit.

c) Die Götter, von denen die Brüder Hilfe erbeten hatten, erblickten deren Kampf.

   1. ⬤ Dei, a quos fratres auxilium petiverant, pugnam eorum aspexerunt.
   2. ⬤ Dei, a quibus fratres auxilium petiverant, pugnam eorum aspexerunt.
   3. ⬤ Dei, a quibus fratres auxilium petiverant, pugnam suam aspexerunt.

4 Textarbeit *Mit Texten arbeiten*

Lies den folgenden Text genau durch und löse danach die Aufgaben unter dem Text:

a) Apud fratres, qui tandem locum idoneum urbis delegerant, potestas deorum multum valebat. Itaque signum deorum petiverunt. **b)** Remus, cui id consilium placuerat, cum comitibus in Aventinum montem properavit. **c)** Romulus autem cum eis comitibus, quorum virtutem iam saepe probaverat, ad Palatium montem contendit. **d)** Primo Remus, tum etiam Romulus signa bona deorum accepit. **e)** Tum Romulus contendit sua signa signa eius superavisse. **f)** Itaque paulo post eam urbem, quam vos omnes scitis, condidit. **g)** Sed Remus, cuius comites iniuria Romuli maxime dolebant, muros parvos urbis, quam frater muniverat, magna voce risit. **h)** Itaque Romulus cum eo contendit et eum interfecit.

1. Welche Überschrift passt am besten zum Text? Kreuze sie an:

○ Vogelschau ○ Tödliches Ende ○ Bergsteiger ○ Gottesurteil

2. Welche Abmachung treffen die Brüder?

○ Wer als Erster Vögel sieht, gewinnt. ○ Von einer Abmachung steht nichts im Text.
○ Wer die meisten Vögel sieht, gewinnt. ○ Wer Geier sieht, gewinnt.

3. Wie reagiert Remus auf die Gründung einer Stadt durch Romulus?

○ Er beschwert sich. ○ Er zerstört die kleinen Mauern der neuen Stadt.
○ Er gibt nach. ○ Er macht sich über die Stadt seines Bruders lustig.

4. Was befand Romulus an seinen Begleitern für gut?

○ ihr Pflichtgefühl ○ ihre Klugheit ○ ihre Tapferkeit ○ ihre Hilfe

5. Suche alle Relativpronomen (RP) aus dem Text heraus und gib ihr Bezugswort (BW) an:

a) BW .... ← RP .... **d)** BW .... ← RP ....

b) BW .... ← RP .... **e)** BW .... ← RP ....

c) BW .... ← RP .... **f)** BW .... ← RP ....

6. Suche alle Plusquamperfektformen aus dem Text heraus und gib die Art ihrer Perfektbildung an:

Plusquamperfekt	Art der Perfektbildung
a)	
b)	
c)	
d)	

Aufnahmeprüfung in Romulus' Gruppe
Selbsttest zu den Lektionen 34–36

Bearbeite zunächst die Aufgaben. Vergleiche dann deine Antworten mit den Antworten im Lösungsteil. Dort findest du auch, wie viele Punkte du für jede richtige Antwort erhältst. Zähle die Punkte, die du für deine richtigen Antworten erhalten hast, zusammen und ermittle danach mit der Bewertungstabelle am Ende des Selbsttests, wie deine Leistung zu bewerten ist.

1 KNG – Bestimme genau: 4 BE

a) celer   b) turpia   c) triste   d) acrem

2 Ersetze durch die entsprechende Form von qui, quae, quod: 4 BE

a) eius   b) eum   c) eis   d) eas

3 Dreiendige Adjektive 12 BE

Unterstreiche jeweils die richtige Form des Adjektivs und übersetze:

a) Romulus fratrem in pugna **acre, acri, acria** occidit.

b) Itaque nuntii **celeris, celeribus, celeres** ad Aventinum montem contenderunt.

c) Amici **fortes, fortibus, fortis** Remi iniuria Romuli dolebant.

4 Relativsätze 12 BE

Unterstreiche jeweils die richtige Form des Relativpronomens und übersetze die Relativsätze:

a) Romulus urbem, **quem, quae, quam** condiderat, defendit.

b) Nam multae nationes, **quas, quae, qua** urbem novam timebant, arma ceperant.

c) Facta enim crudelia, **quae, quas, quod** Romulus fecerat, eas nationes terruerant.

5 Kreuze alle richtigen Antworten an: 8 BE

a) Faustulus: ○ setzte Romulus aus ○ fand Romulus
b) Numitor: ○ war der Großvater des Amulius ○ war der Onkel des Remus
c) Aventin: ○ dort sah Remus sechs Geier ○ ein Hügel gegenüber dem Palatin
d) Livius: ○ römischer Geschichtsschreiber ○ Diener des Amulius

Punkte	40–35	34–29	28–23	22–17	16–11	10–0
Bewertung	sofort	mit kurzer Probezeit	mit längerer Probezeit	unter Vorbehalt	vielleicht nächstes Jahr	bis auf Weiteres abgelehnt

37

Zeitreise *Verbformen bilden: Präsens, Imperfekt, Futur I*

Ergänze die Lücken nach dem folgenden Muster:

	Gestern	Gestern	Heute	Heute	Morgen	Morgen
a)	manebam	ich blieb	maneo	ich bleibe	manebo	ich werde bleiben
b)				er kann		
c)		wir bewegten				
d)				ihr befreit		
e)		sie halfen				
f)				du rettest		
g)						sie werden geben

Detektiv *Übersetzungen prüfen und verbessern*

In jedem der folgenden Sätze befinden sich zwei Fehler.
Unterstreiche sie und verbessere sie in der Zeile darunter:

a) Wie wird Rom seine Macht ohne Frauen behalten können?
Quemadmodum Roma sine mulieris potestatem tenebit poterit.

....

b) Wir werden Frauen von den anderen Volksstämmen holen müssen.
Mulieri a nationibus aliis arcessere debebis.

....

c) Denn wenn uns die Frauen fehlen werden, werden wir auch keine Kinder haben.
Si enim nobis mulieres deerunt, nos etiam liberi carebunt.

....

d) Ohne Kinder wird unser Schicksal nicht gut sein.
Sine liberos fortuna nostra bona non erat.

....

Himmlische Hilfe

a) Iuppiter Marti deo (dem Gott Mars) dicit: „Malam Fortunam Romanorum timui. Itaque deos ad me arcessivi. **b)** Nam urbs nova, quam filius tuus condidit, in magno periculo est. **c)** Romani, quos et amo et semper amabo, imperio carebunt, nisi eis adero. **d)** Crede mihi: Omnes dei salutem communem Romanorum servabunt. **e)** Gloria Romanorum inanis non erit, vita eorum tuta erit. **f)** Hostes Romam non superabunt, quod Romani et mulieres et liberos habebunt. **g)** Romulo consilium bonum dabo, quo hostes Romanorum dolebunt."

38

1. Keine Angst vor der Zukunft! *Verbformen bilden: Futur I*

Setze die Verben in die verlangten lateinischen Formen:

a) aufdecken	Inf. Präs.		d) führen	Inf. Präs.	
2. Pers. Sg. Fut. I			3. Pers. Pl. Fut. I		
1. Pers. Pl. Fut. I			2. Pers. Sg. Fut. I		
2. Pers. Pl. Fut. I			1. Pers. Sg. Fut. I		

b) befestigen	Inf. Präs.		e) wollen	Inf. Präs.	
1. Pers. Pl. Fut. I			3. Pers. Sg. Fut. I		
3. Pers. Pl. Fut. I			2. Pers. Pl. Fut. I		
1. Pers. Sg. Fut. I			3. Pers. Pl. Fut. I		

c) können	Inf. Präs.		f) fassen	Inf. Präs.	
1. Pers. Pl. Fut. I			3. Pers. Pl. Fut. I		
2. Pers. Pl. Fut. I			1. Pers. Sg. Fut. I		
3. Pers. Sg. Fut. I			3. Pers. Sg. Fut. I		

2. Beste Aussichten

a) Romulus voce dulci uxorem confirmat: „Omitte curas, Hersilia! Consilia mea tibi aperiam: b) Liberi tui non solum mores Romanorum scient. c) Numquam te e tecto meo pellam, numquam iniuria mariti tui dolebis. d) Semper in summo honore eris, semper te amabo. e) Dum vivam, beata eris. f) Etiam amicae tuae curis malis carebunt. g) Etsi primo patriam antiquam desiderabitis, spero vos meam Romam mox tamquam patriam novam amare posse. h) Cum aestas veniet, in umbra silvarum iacebitis et omnibus laboribus liberae eritis. i) Postea ad Tiberim fluvium descendetis et aquam bonam eius bibetis. j) Certe mores Romani, quos nondum scitis, vobis placebunt."

3. Das große Los? *In das Lateinische übersetzen*

Hersilia zieht aus einer Losurne die unten angegebenen Lose. Übersetze ihre Botschaft:

a) Eure Männer werden euch immer lieben.
b) Wir werden glückliche Kinder erblicken.
c) Schlimme Sorgen werden mich niemals quälen.
d) Du wirst die neue Heimat nicht mehr verlassen wollen.

39

Mit anderen Worten *Grammatik anwenden: Dativ des Besitzers*

Übersetze und wandle dann in einen Dativ des Besitzers um:

a) Maritum bonum habebo.
  → Ich werde einen guten Ehemann haben. → Mihi maritus bonus erit.

b) Statuas caras habebo.

c) Mater mea vitam pulchram habebit.

d) Liberi mei magnam potestatem habebunt.

e) Vir meus summam gloriam habebit.

f) Tu, Romule, uxorem bonam habebis.

Leere Versprechungen *Futur I und Futur II anwenden*

Ergänze die fehlenden Prädikate in der Rede des Tatius:

a) „Wenn ich das Zeichen gegeben habe, wirst du das Tor öffnen.
„Si signum **dedero**, tu portam **aperies**.

b) Wenn du das Tor geöffnet hast, werde ich dir eine Belohnung geben.

Si portam .... ,

tibi praemium ....

c) Wenn du mir geholfen hast, werden dich alle Sabinerinnen loben.

Si mihi .... ,

omnes Sabinae te ....

d) Wenn dich die Sabinerinnen gelobt haben, wirst du dich freuen.

Si Sabinae te .... , ...

e) Wenn wir Rom eingenommen haben, werden wir dir danken.

Si Romam .... , tibi gratiam ....

f) Wenn ich die Römer besiegt habe, wirst du meine Ehefrau sein."

Si Romanos .... , tu uxor mea ...."

Für die Freiheit

a) Spurius Tarpeius: „Audite, milites! Sabini consilium non stultum ceperunt. **b)** Nam Capitolium cum copiis fortibus appetent. **c)** Si eum locum tenueritis, victores eritis. **d)** Ergo bellum acre cum Sabinis geremus, dum Capitolium ab eis defenderimus. **e)** Si animo forti pugnabitis, hostes superabimus. **f)** Si eos viceritis, vos magnum praemium habebitis: auream libertatem, qua victores tantum gaudebunt. **g)** Si quidem hostes vos a Capitolio pepulerint, omnes Romani in servitute mala erunt. **h)** Itaque in pugna etiam patres et fratres uxorum vestrarum interficere debebitis, si vobis restiterint."

40

Zuschauertribüne *Verbformen bilden: ire* ①

Im Circus Maximus sind Plätze für bestimmte Familien reserviert. Übersetze die Familiennamen und gib die lateinischen Namen der Familienmitglieder an, die in Kürze Platz nehmen werden:

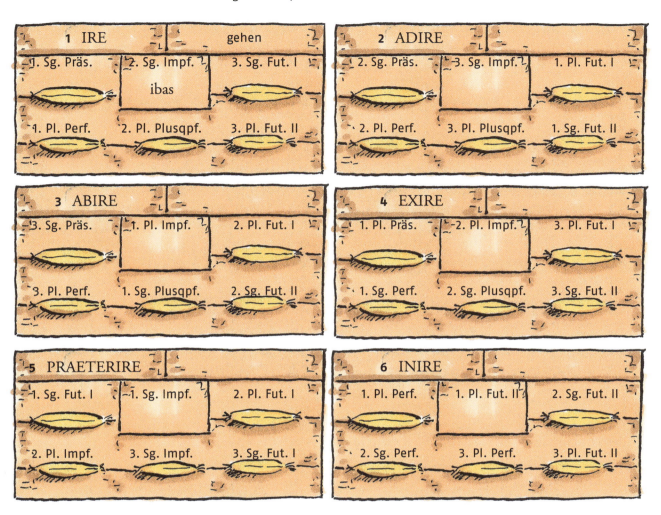

Pferderennen *Formen erkennen: ire* ②

Gib die Platzierung der Pferde A–F an. Hinweis: Du erkennst den Platz an der Länge der ununterbrochenen Abfolge von Formen von ire.

O	I	B	I	M	U	S	I	T	I	S	E	U	N	T	A	D	F	U	I	S	T	I	S	A
A	I	S	I	T	E	U	N	T	I	I	I	B	I	S	E	N	I	E	R	A	T	I	S	I
B	E	O	I	S	S	E	I	T	E	A	U	M	I	B	O	I	T	I	S	I	B	U	N	T
C	I	M	U	S	I	T	I	B	A	T	I	S	I	E	R	A	M	U	S	A	I	I	I	T
D	I	I	M	U	S	I	S	T	I	I	I	I	U	A	I	E	R	I	T	I	S	I	B	O
E	I	T	I	S	I	R	E	C	B	I	I	E	R	A	N	T	I	S	T	I	E	U	N	T
F	E	U	N	T	I	E	R	I	N	T	I	S	I	T	I	S	S	E	I	B	I	T	A	X

Platz 1:   Platz 2:   Platz 3:   Platz 4:   Platz 5:   Platz 6:

3 Wagenrennen

a) Titus narrat: „Quia rex ludos novos fecerat, ad eos iimus. **b)** Multitudo hominum nobiscum Circum Maximum paulatim adiit. **c)** Multas quadrigas (Viergespann) e carceribus (carcer, eris *m* Startbox) exire vidimus. **d)** Populum magna voce clamare audivimus. **e)** Quod unus ex equis ceciderat, sex quadrigae consistere debuerunt. **f)** Sic ceterae quadrigae eas praeterire potuerunt. **g)** Tandem eae quadrigae, quae mihi magis quam ceterae placuerant, vicerunt. **h)** Post ludos a Circo Maximo abiimus. **i)** Si rex iterum ludos faciet, Circum Maximum iterum libenter adibo."

Sieger im Wagenrennen. Römische Mosaiken. 3. Jh. n. Chr. Madrid, Museo Arqueologico Nacional.

4 Pferdedecken *In das Lateinische übersetzen*

Übersetze die Aufschriften folgender Pferdedecken:

a) Ich ging aus den Sabinischen Wäldern in das römische Gebiet heraus.

b) Den Circus Maximus werde ich immer gerne aufsuchen.

c) Vor vielen Jahren ging ich in die Stadt hinein.

d) Si vicero, summo cum honore in patriam abibo.

e) Primum Circum Maximum ineo. Spero me vincere posse.

f) Omnes equos praeterii. Itaque mihi magna gloria est.

Abschlussprüfung

Selbsttest zu den Lektionen 37–40

Bearbeite zunächst die Aufgaben. Vergleiche dann deine Antworten mit den Antworten im Lösungsteil. Dort findest du auch, wie viele Punkte du für jede richtige Antwort erhältst. Zähle die Punkte, die du für deine richtigen Antworten erhalten hast, zusammen und ermittle danach mit der Bewertungstabelle am Ende des Selbsttests, wie deine Leistung zu bewerten ist.

① Übersetze: — 4 BE

a) credent   b) scribis   c) credunt   d) scribes

② Bestimme die Zeit: — 4 BE

a) ibit   b) iit   c) ierit   d) it

③ Bilde die verlangten lateinischen Formen: — 6 BE

a) Feind: Gen. Pl.   b) Sommer: Akk. Sg.   c) Ehre: Akk. Pl.

d) Belohnung: Abl. Pl.   e) Brauch: Gen. Sg.   f) Sorge: Dat. Sg.

④ Bilde die jeweils entsprechenden Formen im Futur I und II: — 6 BE

a) resisto   b) superant   c) gerit

⑤ Der folgende Satz enthält vier Fehler. — 8 BE

Unterstreiche die Fehler im lateinischen Satz und verbessere sie:

Si imperia nostris resistitis, patri et fratres nostri cum vos bellum gerent.

(„Wenn ihr unseren Befehlen Widerstand geleistet haben werdet, werden unsere Väter und Brüder mit euch Krieg führen.")

⑥ Übersetze: — 6 BE

Filio equus erit, sed filiae aurea ornamenta erunt.

Punkte	34–29	28–24	23–19	18–13	12–8	7–0
Bewertung	mit Bravour	mit Auszeichnung	zur Zufriedenheit	mit Ach und Krach	mit großen Mängeln	zum Grausen

Bildnachweis

akg-images / Elektra **50. 65** | akg-images/Erich Lessing **49.94.97** | akg-images / Gilles Mermet **86** | akg-images / Nimatallah **117** | akg-images / Peter Conolly **33** | Bildarchiv Preußischer Kulturbesitz / Staatliche Antikensammlung Berlin **69** | interfoto/Mary Evans **45** | Scala, Florenz / Luciano Romano **77** | picture-alliance / dpa-Report **33** | The Bridgeman Art Library / Gerard Degeorge **29** | The Bridgeman Art Library / Nationalmuseet, Kopenhagen **95** | Verlagsarchiv

Umschlag Vorderseite: **Apollon vom Belvedere**. Römische Kopie nach einem griechischen Original des Leochares (um 330 v. Chr.). Rom, Museo Pio Clementino. Bildarchiv Preußischer Kulturbesitz / Musei Vaticani, Rom / Scala, Florenz | Die Ruinen des **Saturntempels** auf dem **Forum Romanum**. Mauritius images / David Ball | Das **Amphiteater von Pula** (Kroatien). Mauritius images / René Mattes | **Römisches Stadttor** in der Altstadt von **Damaskus** (Syrien). Mauritius images / imagebroker.net.

Umschlag Rückseite: Die **Porticus von Augustobriga** am Stausee von Valdecañas (Spanien). picture-alliance / Bildagentur Huber | Das **Amphitheater von Arles** (Frankreich). Mauritius images / José Fuste Raga | Das **Tetrapylon von Aphrodisias** (Türkei). Mauritius images / Friedel Gierth.

Systemvoraussetzungen:
Betriebssystem: Windows XP SP3, Windows Vista SP1, Windows 7,
Prozessorleistung: 1 GHz oder höher
Arbeitsspeicher: 512 MB RAM oder mehr
Festplattenspeicher: 200 MB
.NET-Framework 4.0 wird mit installiert (zusätzlich 1 GB Festplatte), wenn es nicht bereits installiert ist.
CD-ROM Laufwerk
Grafikkarte: Mindestanforderung: DirectX 9-fähige Grafikkarte mit 64 MB Speicher |
empfohlen: DirectX 9-fähige Grafikkarte mit 128 MB Speicher oder höher
Bildschirmauflösung: Mindestanforderung: 1024 × 768 px | empfohlen: 1280 × 1024 px
Internetverbindung: notwendig bei Installation, empfohlen für Updates

Installationsanleitung für den Lift-Trainer:
- Installations-CD in das CD-ROM-Laufwerk des Computers einlegen.
- Setup.exe ausführen.
- Den Anweisungen des Installationsassistenten folgen.
- Der Lift Trainer wird nach Abschluss der Installation automatisch gestartet.
- Den Aktivierungscode, der auf der CD-ROM abgedruckt ist, eingeben und auf OK klicken.